Udo Baer

Das Drama der Leere

Wie wir der Leere begegnen
und unser Herz heilen können

Klett-Cotta

Dieses Werk wurde vermittelt durch Aenne Glienke/Agentur für Autoren und Verlage, http://www.aenneglienkeagentur.de

MIX
Papier | Fördert gute Waldnutzung
FSC® C083411
FSC www.fsc.org

Klett-Cotta
www.klett-cotta.de/www.hobbitpresse.de/www.tropen.de

Cover: Jutta Herden, Stuttgart
unter Verwendung einer Abbildung von © Elena Kalinicheva/iStock by Getty Images
Gesetzt von Eberl & Koesel Studio, Kempten
Gedruckt und gebunden von CPI – Clausen & Bosse, Leck
Lektorat: Susanne Klein, Hamburg
ISBN 978-3-608-98840-6
E-Book ISBN 978-3-608-12368-5
PDF-E-Book ISBN 978-3-608-20692-0

Bibliografische Information der Deutschen Nationalbibliothek
Die Deutsche Nationalbibliothek verzeichnet diese Publikation in der
Deutschen Nationalbibliografie; detaillierte bibliografische Daten
sind im Internet über http://dnb.d-nb.de abrufbar.

Inhalt

TEIL B DIE VERBORGENEN QUELLEN DER LEERE

TEIL C WENN MENSCHEN IN DER PARTNERSCHAFT INS LEERE GEHEN

TEIL D LASST UNSERE KINDER NICHT INS LEERE GEHEN!

TEIL E WAS HILFT DEM HERZEN ZU HEILEN?

Die Leere und der blinde Fleck – eine Einstimmung

»Ich habe Macht, große Macht«, sagt die Leere von sich. »Auch wenn diese Macht mehr im Geheimen wirkt ... Mein Sinn könnte darin bestehen, dass Menschen mich spüren, um sich von mir abwenden zu können.«[1]

Wir Menschen haben alle »blinde Flecken«. Damit meine ich Leerstellen in unserer Wahrnehmung und in unserem persönlichen Erleben, die uns unbekannt sind und uns »blind« machen. Sie gehören zu uns, zu unserer Persönlichkeit. Solange wir nicht darunter leiden oder andere darunter leiden lassen, gibt es keinen Anlass oder zumindest keine Notwendigkeit, sich damit zu beschäftigen.

In der Optik wird der Punkt, an dem die Sehnerven auf die Netzhaut treffen, als blinder Fleck bezeichnet. Wir Menschen nehmen ihn normalerweise gar nicht wahr, oder erst dann, wenn er mehr oder weniger krankhaft die Sehfähigkeit einschränkt. Auch den blinden Fleck der Wahrnehmung und des Erlebens merken wir erst, wenn er uns einschränkt und behindert, uns Schwierigkeiten und Leid verursacht.

Blinde Flecken sieht man nicht. Sie sind Leerstellen in doppelter Hinsicht: Erstens bleiben sie für die jeweilige Person unbekannt und unsichtbar. Die Wahrnehmung der blinden Flecken ist leer. Zweitens können blinde Flecken Folgen haben, die für die Menschen nicht fassbar sind. Zum Beispiel kann eine Frau einen blinden Fleck haben, der sie daran hindert, wahrzunehmen, wenn andere Menschen um sie werben. Sie nimmt es einfach nicht wahr. Das mag sich nicht dramatisch anhören und auch nicht so auswirken. Problematisch ist es für diese

1 Baer, Udo & Frick-Baer, Gabriele: *Das ABC der Gefühle*, S. 59 f.

Frau aber, weil damit ein Teil ihres Sehnens nach Zuneigung und Liebe eingeschränkt ist. Wenn sie Glück hat, wird sie von anderen wohlmeinenden Menschen in konkreten Begegnungen darauf hingewiesen, sodass sich ihr Blickwinkel erweitern kann. Ein Geschäftsführer kann, so ein anderes Beispiel, nicht erkennen, nicht einmal erahnen, dass andere Menschen ihn anlügen. Fakes sind für ihn ein blinder Fleck. Seine Vertrauensseligkeit schadet ihm beruflich, verunsichert ihn darüber hinaus zunehmend in seiner Persönlichkeit. In einem anderen Fall wird ein Mann von Kolleg*innen darauf aufmerksam gemacht, dass er auf kritische Bemerkungen sehr dünnhäutig, oft sogar aggressiv reagiert. Es selbst bekommt das nicht mit und hält sich für ausgesprochen fähig, Kritik anzunehmen. Verunsichert befragt er dazu seine Frau, die ihm seinen blinden Fleck bestätigt.

Warum stimme ich Sie gerade mit diesem Bild des blinden Flecks auf das ein, was Sie in diesem Buch erwartet? Worin liegen der Sinn und der Zusammenhang mit dem, was ich als »Drama der Leere« bezeichne und mit deren unterschiedlichen »Gesichtern« ich in diesem Buch anregen möchte, sich zu beschäftigen?

Meine Antwort: Weil ich aufzeigen möchte, wie sinnvoll es sein kann, sich mit den Leerstellen im eigenen Erleben und menschlichen Miteinander zu beschäftigen. Oft geschieht etwas in der Kommunikation mit anderen, in Begegnungen und Beziehungen, was nicht zu greifen und erst recht nicht zu begreifen ist. Das verwirrt und verunsichert oft, es schränkt Lebendigkeit ein und birgt auch das Potenzial großen Leids in sich.

Ich bin Therapeut und Pädagoge und habe am eigenen Leib und in der Begegnung mit anderen Menschen dieses Leid erfahren. Es war ein langer, manchmal schmerzlicher und mühsamer Weg, die Erscheinungsformen der Leere zu erkennen, zu ergründen und Leere-Erfahrungen als das zu spüren und zu diagnostizieren, was sie sind: leidvolle, prägende Erfahrungen in der Biografie von uns Menschen. Sie haben als eines der »Monster der Entwürdigung« ihren Platz und ihre Bedeutung neben den anderen Monstern wie Gewalt, Beschämung und Erniedrigung.

Leere zu erkennen, sie zu identifizieren und sie mit den jeweils individuellen biografischen Quellen zu verbinden, ist meiner Meinung nach eine Grundvoraussetzung, um Wege aus diesem Leid zu finden. Ich möchte Ihnen, meinen Leser*innen, unabhängig davon, ob Sie sich als unmittelbar Betroffene oder als therapeutisch, pädagogisch oder im Coaching Tätige für dieses Thema interessieren, Orientierungshelfer auf diesem Weg sein. Ich habe das, was ich darüber weiß und erfahren habe, in diesem Buch zusammengetragen und darüber hinaus mit fachlichen Anmerkungen besonders für Therapeut*innen versehen. Damit möchte ich meinen Beitrag dazu leisten, dass Menschen ihren »blinden Flecken« nicht mehr ausgeliefert sein müssen und sich so nicht länger in der Leere verlieren und an den Folgen leiden. Hinweise darauf, was auf diesem Weg des Erkennens und Heilens helfen kann, werden Sie in jedem Kapitel finden.

Ich beginne mit einem Kapitel über die oft bittere Sehnsucht nach der süßen Leere. Die »süße Leere« ist eine Bezeichnung, die ich von einer Klientin übernommen habe. Auf diese Art von Leere richtet sich nicht mein Hauptinteresse, ebenso wenig wie auf die Leere als philosophische Kategorie oder als hocherwünschter Zustand nach großer Anstrengung. Ich bin oft der Leere in ihrer meist diffusen Schmerzlichkeit begegnet. Mein persönliches und professionelles Interesse lässt mich den Spuren dieser Leere-Erfahrungen folgen, sodass Menschen letztendlich aus ihrer damit verbundenen Verlorenheit, Einsamkeit und anderen Folgen herausfinden können.

Die meisten Menschen, die ich therapeutisch begleitet habe, litten in der einen oder anderen Form unter Erfahrungen der Leere. Diese Leere-Erfahrungen waren für sie nicht der offensichtliche und ausgesprochene Anlass, sich in therapeutische Begleitung zu begeben, sondern sie blieben für sie als eine Quelle ihres Leidens zunächst verborgen und schälten sich erst im Laufe der gemeinsamen Arbeit heraus. Einige von ihnen hatten Blog-Beiträge von mir gelesen oder Vorträge gehört, in denen ich Leere-Erfahrungen zwischen Menschen und im Erleben der Menschen angesprochen hatte. Das hatte etwas in ihnen anklingen lassen, sie manchmal auch irritiert und neugierig gemacht. Da tauchte ein Wort auf, das scheinbar irgendetwas mit ihnen selbst zu tun hatte, für das sie aber selbst bisher keine Worte, keine Erklärungen und keine Zusammenhänge hatten.

Leere-Erfahrungen bleiben den meisten Menschen verborgen. Viele wissen und spüren, dass sie leiden, aber sie wissen nicht, dass es die Leere ist, unter der sie leiden. In Gedichten und Romanen wird oft beschrieben, dass und wie Menschen darunter leiden, Leere-Erfahrungen machen zu müssen. In der psychologischen Fachliteratur dagegen wird – wenn überhaupt – das Thema nur am Rande behandelt. Man beschäftigt sich mehr mit dem, was offensichtlich ist, also mit den Themen, Konflikten, Kommunikations- und Verhaltensmustern, die »auf der Hand liegen«, und nicht so sehr mit dem, was nicht sichtbar und nicht greifbar ist. Mir ist es ein Anliegen, dazu beizutragen, diese Lücke zu schließen und diese Leerstelle zu erschließen.

Manchmal fällt die Leere auf: Mein Portemonnaie ist leer. Ich habe nicht mehr viel Geld auf dem Konto. Oder ich habe meinen Arbeitsplatz verloren und muss mich darauf einstellen, meinen Alltag neu zu strukturieren. Oder ich spüre, dass das Haus leer ist, nachdem die Kinder ausgezogen sind, oder dass mir nach einem Abschied oder einer Trennung von einem nahen Menschen vielleicht die Geborgenheit fehlt. Bei sicht- und spürbaren Verlusten kann ich mich, kann man sich darüber ärgern oder darum trauern. Damit können viele Menschen umgehen. Manche, vor allem diejenigen, bei denen ein anderer Mensch oder mehrere Menschen zu Leerstellen geworden sind, haben es schwer damit. Fast alle brauchen in irgendeiner Weise dabei Unterstützung, zumindest freundschaftlich-kollegiale, manchmal auch therapeutische Begleitung. Sie brauchen vertrauensvolle und vertrauenswürdige Menschen, wie ich diese Unterstützer*innen in meinem Buch nenne.

Aber was ist mit dem diffusen Gefühl der inneren Leere? Was ist, wenn man gegenüber Eltern (oder auch Kindern!) oder einem Partner oder einer Partnerin mit den eigenen Impulsen, Wünschen, Vorwürfen und Sehnsüchten immer wieder ins Leere geht? Viele Menschen wollen das nicht wahrhaben, strengen sich ungemein an, um dem eigenen Gefühl der Leere nicht zu begegnen oder den anderen dazu zu bewegen, ein greifbares Gegenüber zu sein. Den Schmerz, die Hilflosigkeit und die Unwirksamkeit zu spüren, würde bedeuten, sich das Scheitern ihrer Versuche einzugestehen, würde Illusionen zerplatzen lassen und höchstwahrscheinlich soziale Konsequenzen nach sich ziehen. Also werden – verständlicherweise – oft solche Leere- Erfahrungen als Irritation beiseitegelegt und verniedlicht. Es wird nach Erklärungen gesucht, warum das jetzt in diesem Moment so ist, wie es ist, und warum es ganz bestimmt später besser wird, wenn erst einmal ... Das Gefühl der inneren Leere ist oft ebenso wenig zu greifen wie die Leere zwischen den Menschen, sie sind eher zu erahnen als zu spüren. Die innere Leere ist vielen Menschen so selbstverständlich geworden wie manchen ihre Leere-Erfahrungen mit anderen Menschen. Sie entziehen sich damit der Achtsamkeit.

Einem jungen Mann waren zum Beispiel seine Leere-Erfahrungen so selbstverständlich geworden, dass er auf mein aufrichtiges Interesse an seinem Leben, an seiner Geschichte, an seinen Wünschen und Visionen mit Verwirrung und Misstrauen reagierte. Mein Interesse und meine Neugier waren ihm fremd. Das kannte er nicht. Dass er in seiner Familie wie eine Leerstelle behandelt wurde, dass seinem Befinden, seinen Erlebnissen, seinen Gedanken, seinen Empfindungen keine Bedeutung beigemessen wurde, das kannte er hingegen durchaus, das war ihm selbstverständlich, das war »normal«. Erst durch diese kleine Szene und in den folgenden therapeutischen Begegnungen mit mir wurde ihm nach und nach bewusst, was ihm gefehlt hatte und worunter er litt.

In meiner therapeutischen, pädagogischen, beraterischen und supervisorischen Praxis bemühe ich mich selbstverständlich, das zu würdigen, was an Themen, Befindlichkeiten, Nöten und Fragen meiner Klient*innen wahrnehmbar ist und Achtung und Beachtung verdient. Gleichzeitig schenke ich auch dem Achtsamkeit, was nicht da ist, also den inneren Leerstellen und den Beziehungsleerstellen, die ich allenfalls in meiner Resonanz erahnen kann – und biete mich so meinen Klient*innen in Spürenden Begegnungen als Gegenüber an.

Im Teil A dieses Buches beschreibe ich die Gesichter der Leere-Erfahrungen, denen wir begegnen. Im Teil B versuche ich dann, diese Gesichter der Leere in Beziehung zu setzen mit den verschiedenen, oft verborgenen Quellen der Leere und herauszuarbeiten, in welchen biografischen Erfahrungen sie ihre Wurzeln haben. Beide Aspekte werden sich teilweise überschneiden, immer wieder ergänzen und somit im weiteren Verlauf des Buches Wiederholungen einschließen. So ist das immer, wenn es um menschliches Erleben geht. Da gibt es keine klar abgetrennten Regale und Ordner. Mir geht es darum, mit dem Scheinwerfer das eine oder andere zu beleuchten und in Kauf zu nehmen, dass dabei immer auch anderes, was am Rande meiner Aufmerksamkeit liegt, auch mit ans Licht kommt. Manches, was dabei in Ihr Blickfeld gerät, wird Sie vielleicht berühren und dazu anregen zu verweilen, anderes wird wahrscheinlich nicht Ihr Interesse wecken (oder zu einem anderen Zeitpunkt) und wieder anderes werden Sie vielleicht als überflüssig oder als zu kurz gegriffen empfinden. Mein Wunsch ist hier, dass Sie Ihre Reaktionen und Resonanzen wahrnehmen und sie ernst nehmen.

Teil C behandelt die Leere zwischen Menschen in Partnerschaften. Ich habe dem einen eigenen Teil gewidmet, weil ich sehr vielen Personen begegnet bin, die in der Partnerschaft trotz aller Anstrengungen ins Leere gehen und daran verzweifeln. Im Teil D stelle ich die Leere-Erfahrungen von Kindern in den Mittelpunkt. Viele Studien besagen, dass die Gewalt gegen Kinder abgenommen hat. Doch nach meinen Erfahrungen müssen immer mehr Kinder und Jugendliche die Erfahrung machen, dass sie ins Leere gehen – mit zum Teil dramatischen Folgen.

In diesen ersten vier Teilen gebe ich schon häufig, vor allem anhand von Beispielen aus meiner therapeutischen Praxis, Hinweise dazu, was gegen diese Leere-Erfahrungen und deren Folgen hilft oder geholfen hat. Im Teil E habe ich dann unter der Überschrift »Was hilft dem Herzen zu heilen?« explizit in den Vordergrund gestellt, Ihnen Hinweise und konkrete Anregungen zu geben, was *Ihrem* Herzen, das an Leere-Erfahrungen leidet, helfen könnte. Ich hoffe, damit gleichzeitig auch den Kolleg*innen in Therapie, Pädagogik und Coaching, zu deren professionellem Selbstverständnis die Selbsterfahrung und Resonanzbereitschaft gehört, Anregungen und Hinweise aus meinen Erfahrungen zu vermitteln, die ihre berufliche Praxis bereichern. Auch in diesem Teil finden sie Anmerkungen, die nicht nur weiterführende Literaturhinweise, sondern auch fachliche Hinweise über kreativ-leibtherapeutische Modelle und Methoden zu ihrer besonderen Rolle beinhalten.

Wenn Sie dieses Buch lesen, werden Sie sich bestimmt an eigene Leere-Erfahrungen erinnern. Das kann Sie aufwühlen. Es lohnt sich, dieses Risiko einzugehen, weil Sie damit auch die Chance ergreifen, sich besser zu verstehen und die Folgen der Leere-Erfahrungen zu vermindern. Nach meinen Erfahrungen – und darauf möchte ich an dieser Stelle noch einmal ausdrücklich hinweisen – ist es hilfreich und manchmal notwendig, bei der persönlichen Auseinandersetzung mit dem Thema Leere das Gespräch und den Austausch mit einer Person zu suchen, der Sie vertrauen.

Wenn Sie Anregungen, Kritik, Ergänzungen oder sonstige Kommentare zu diesem Thema und zu diesem Buch haben, würde ich mich freuen, wenn Sie sie mir mitteilen. Sie erreichen mich unter anderem über die Webseite des Semnos Verlags: www.semnos.de. Aktuelle Hinweise über Veranstaltungen und Veröffentlichungen finden Sie auf der Webseite www.baer-frick-baer.de, wo sie auch den kostenlosen Newsletter Baer-News bestellen können. Doch zuerst einmal wünsche ich Ihnen Neugier, Geduld und Anregungen, wenn Sie dieses Buch lesen und durcharbeiten und damit nach etwas greifen, was so schwer greifbar ist.

Mein Dank geht an Christa Grohé für ihre Literaturhinweise. Ich widme dieses Buch Ihnen, also allen Menschen, die unter Leere-Erfahrungen gelitten haben und leiden. Und ganz besonders widme ich dieses Buch meiner Frau, Geliebten, Kollegin und Unterstützerin Gabriele Frick-Baer, ohne deren Hilfe ich meinen Weg aus der Leere nicht gefunden hätte und dieses Buch nicht zustande gekommen wäre.

TEIL A

Der Leere begegnen – Gesichter der Leere

1 Von der bitteren Sehnsucht nach der süßen Leere

Eine Frau erzählte, dass sie jede Woche am Freitagnachmittag von einer großen Sehnsucht nach Leere überfallen wird: »Ich bin dann so voll von all den Arbeitssachen, dass ich auf nichts mehr Lust habe, dass mir alles zu viel ist, jeder Anruf, jede Mail, jeder noch so nette Kontakt. Ich brauche dann nur einfach nichts. Ich möchte abtauchen.«

Ich fragte: »Gelingt Ihnen das?«

»Eigentlich nur ganz selten. Am Freitagabend bin ich einfach voll und so erschöpft. Da bin ich auch gar nicht leer, da habe ich nur die Sehnsucht. Am Samstag muss ich einkaufen, manchmal putzen und dies und jenes erledigen, was während der Woche liegen geblieben ist. Wenn ich dann zur Ruhe kommen will, gehen mir Gedanken durch den Kopf, was ich noch alles tun müsste. Und so weiter. Dann bekomme ich ein schlechtes Gewissen, und das ist auch keine Leere, nach der ich mich sehne. Die ist dann eher bitter als süß.«

Sie berichtete davon, dass sie im Urlaub oft mehrere Tage brauche, um »herunterzufahren«: »Das ist so wie beim Treppen-Runterlaufen. Es geht immer eine Stufe tiefer. Manchmal dauert es eine ganze Woche. Deswegen brauche ich eigentlich immer einen längeren Urlaub, weil die Kurzurlaube mir nicht reichen.«

So wie dieser Frau geht es vielen Menschen. Sie fühlen sich voll und sehnen sich nach dem Nichts. Vielleicht war das schon immer so. Vielleicht hat das aber auch in den letzten Jahrzehnten zugenommen durch die vielen medialen Anreize und Anforderungen, die an uns Menschen herangetragen werden. Warum auch immer, die Leere, um die es hier geht, ist eine positiv gedachte und gefühlte Leere. Benennen wir sie so, wie die Frau sie bezeichnete: als eine süße Leere, eine süße

Sehnsuchtsleere. Wenn Menschen wirklich »abschalten«, können sie sich von den Sorgen und Anforderungen des Alltags »entleeren« und leiden dann nicht daran. Allerdings leiden sie häufig darunter, dass sie gerade das nicht können oder es ihnen nur unter großen Schwierigkeiten möglich ist, sich dem anzunähern.

Viele Menschen sind voll, zu voll – von ihren Gedanken, ihren Gefühlen, ihren Vorhaben, von dem, was sie tun wollen, und von dem, was von anderen an sie herangetragen wird. Dann ist der Impuls richtig und sinnvoll, sich zu entleeren. Mit einer vollen Hand kann man nicht greifen. Wenn man es doch versucht, ist dies anstrengend und wird immer anstrengender. Man sollte – das wissen die meisten – versuchen loszulassen, um auch nach Neuem greifen zu können. Nach diesem Loslassen sehnen sich viele Menschen. Doch wie kann es gelingen, dieser Sehnsucht zu folgen? Einfach abzuschalten und umzuschalten von »voll« auf »leer«, von Vollgas auf Stillstand, ist für die meisten Menschen schwierig, oft unmöglich. Denn das, was »voll« ist, ist vorhanden und wirkt nach. Es gibt ganze Industrien, die versuchen, Menschen darin zu unterstützen, etwas loszulassen, abzuschalten, umzuschalten. Von der Meditation bis zum Sport, vom Flug ans Mittelmeer, generell die Reise in eine andere Umgebung bis zur alkoholisierten Party – die Wege, die angeboten werden, um diese Sehnsuchtsleere zu erreichen, sind so vielfältig wie die Menschen.

Es ist wichtig und richtig, dass sich jede und jeder um den eigenen Weg bemüht. Allgemeingültige Rezepte existieren da nicht. Viele Menschen stellen sich vor, dass sie loslassen könnten, wenn sie die Umgebung wechseln. Doch das, was sie füllt und was ihnen zu viel ist, befindet sich oft in ihrem Erleben und braucht Zeit und Gelegenheit, dass sich seine Kraft vermindert und es sich entfernt. Ein nach meinen Erfahrungen wichtiger Zwischenschritt besteht darin, das was »voll« und »zu viel« ist, konkreter zu betrachten. Ich bat zum Beispiel die erwähnte Frau, unsortiert, wie es ihr gerade in den Sinn kam, aufzuschreiben, was ihr alles einfällt, das gerade oder »immer« zu viel ist. Sie tat dies, und der Papierbogen füllte sich. Wir sprachen darüber. Sie erwähnte Kleinigkeiten und große Verantwortlichkeiten.

Ich wollte von ihr wissen: »Wenn Sie nun auf die Liste all der Dinge schauen, die Ihnen zu viel sind, und Sie sich fragen, was am leichtesten zu reduzieren oder gar aufzugeben ist, was fällt Ihnen da ein? Es muss nicht das sein, was am beschwerlichsten ist, sondern das, was Sie am leichtesten ändern können.«

Sie sagte spontan: »Abwaschen! Ich hasse es.« Sie war über ihre Eindeutigkeit erstaunt.

»Wen könnten Sie um Hilfe bitten?«

»Meinen Mann!«, antwortete sie. Daraufhin sprach sie ihn an, und sie teilten die Haushaltstätigkeiten neu auf.

Meine nächste Frage lautete: »Was wollen Sie unbedingt loswerden? Was hängt Ihnen ›zum Hals heraus‹?«

Das bedurfte einige Zeit des Nachdenkens. Schließlich kam: »Eigentlich ist das nicht ›zu viel‹, sondern eher ›zu wenig‹. Ich bin es so leid, dass ich im Büro überall einspringe, wo ein Engpass ist. Aber mein Chef tut so, als sei das selbstverständlich. Der besucht Seminare zur Personalführung, hat aber keine Ahnung davon. Es kommt kein Lob, keine Anerkennung, kein Wort. Dann wird das für mich zur Last, die immer größer wird.«

Sie beschloss, mit ihrem Chef darüber zu reden und auch zu versuchen, öfter einmal Nein zu sagen, wenn zusätzliche Aufgaben an sie herangetragen wurden. Sie fand also zwei konkrete Schritte, um das »Zuviel« zu reduzieren.

Diese Fragestellungen sind wichtig. Viele Menschen, die zu voll sind, sind so erschöpft und »fertig«, dass sie das, was zu viel ist, gar nicht mehr konkret betrachten können. Es verschwimmt im Nebel. Und wenn sie es doch versuchen, wollen sie gleich »alles« verändern oder zumindest mit dem beginnen, was sie am meisten belastet. Doch auch das gelingt nur sehr selten. Man sollte mit dem beginnen, was am leichtesten zu ändern ist, und sich dann das Nächste vornehmen. Schritt für Schritt.

Dabei tauchen fast immer Aspekte der Beziehung zu anderen Menschen auf. Die erwähnte Frau wollte mit ihrem Chef sprechen, um eine Belastung zu reduzieren oder loszuwerden. Sie bat ihren Mann um Hilfe. Beides fiel ihr nicht leicht, war aber notwendig, um die Not zu wenden.

Für die meisten Menschen geht es also eher darum, etwas konkret loszuwerden als einfach »pauschal« loszulassen. Wenn wir etwas in der Hand halten, können wir die Hand öffnen, damit es herausfällt und wir es also loslassen, aber bei unseren Erfahrungen, unserem Erleben, unseren Gedanken und Gefühlen ist es schwieriger. Deswegen passt das Wort »loswerden« häufig besser für die Beschreibung des Prozesses in Richtung der süßen Sehnsuchtsleere. Die Frau, von der ich erzähle, ist einige Pflichten losgeworden, wie zum Beispiel das Abwaschen. Vor allem ließ sie los, alles allein schaffen zu können bzw. zu müssen. Sie veränderte ihre Haltung und damit auch nach und nach die Beziehung zu anderen Menschen, vor allem zu ihrem Mann und ihrem Chef. Das Loswerden ist etwas Aktives, es beinhaltet auch Trauerarbeit und umfasst, dass wir Menschen etwas abschütteln und wegwerfen, ja auch zerstören, zum Beispiel Illusionen. Dieser aktive Prozess braucht Raum und Zeit. Da gibt es keine Schalter, die einfach umzulegen sind, damit der Prozess beginnt. Ich zumindest kenne keine.

Ich habe bei mir und anderen Menschen erlebt, dass es hilft, die Widersprüchlichkeiten in unserem Leben zu akzeptieren und auszuhalten. Ja, ich möchte abschalten *und* ich kann es noch nicht. Ja, ich bin schon weniger gestresst, manchmal sogar ruhig, *und* oft kommt mir noch dies und jenes in den Sinn, von dem ich eigentlich gar nicht möchte, dass es mir wieder in den Sinn kommt. Der Prozess des Loslassens bzw. des Loswerdens ist oft ein Prozess mit Windungen und Wendungen, ein lebendiger Prozess, der sich in Abstufungen und Wellen vollzieht. Wenn wir dagegen ankämpfen, verlängern wir diesen Prozess oft nur. Wenn wir ihn akzeptieren, so meine Erfahrung, wird er trotz all seiner Widersprüchlichkeiten kürzer.

Eine weitere Erfahrung war in diesem Zusammenhang für viele Menschen hilfreich. Dazu erzählte mir eine andere Frau: »Ich will einfach nur sein.« Doch was heißt das, einfach nur sein? Diese Frau haderte oft mit sich, da sie manchmal Tagträume hatte und vor sich hin döste. Als ich ihr spiegelte, dass andere Menschen viel Geld bezahlen und lange Meditationskurse belegen, um zu »dösen« und sich in Tagträumen zu suhlen, überraschte sie dieser Perspektivwechsel. Viele Menschen haben die Abwertung von Tagträumen verinnerlicht. Sie haben als Kinder gehört: »Träum nicht vor dich hin, mach endlich!« Doch Tagträume sind kostbar. Sie erlauben uns, in unsere als »innen«

erlebte Welt zu tauchen und von dort hinaus ins Leben und in die Welt hinein zu wirken. Sie sind ein Ausdruck dessen, was gewürdigt werden will, ohne dass der Mensch etwas aktiv tun muss. Die süße Sehnsuchtsleere, die geträumt wird, ist nicht etwas, was irgendwann in ferner Zukunft an fernen Orten gelebt werden kann und Bedeutung findet. Wir leben immer wieder Momente davon auch in unserem Alltag, und diese sollten wir würdigen.

2 Die Leere hinter dem »komischen Gefühl« und der rasenden Wut

Ein Klient äußerte zu Beginn einer Therapiestunde sein Unbehagen: »Ich weiß nicht, wie es mir geht. Mir geht es nicht schlecht. Es ist nicht schlimm. Aber froh bin ich auch nicht, glücklich erst recht nicht.« Als ich ihn nach einem Gefühl fragte, sagte er: »Das einzige Gefühl, das ich spüre, ist ein komisches Gefühl.«

So ergeht es vielen. Manchmal ist dieses Unbehagen nur eine Zwischenphase, die zeitweilig kommt und dann wieder geht. Doch sie kann auch andauern, sich in uns einnisten und das Befinden prägen. Es lohnt sich immer, wenn Menschen darunter leiden, auf die Suche zu gehen und wahrzunehmen, was sich hinter dem komischen Gefühl oder dem Unbehagen verbirgt. Das gelingt oft über Farben, Gesten oder Töne.

Ich bat den Klienten, an das Klavier zu gehen und zu versuchen, mit einem Finger einen Ton für sein komisches Gefühl zu finden. Er probierte unterschiedliche Töne aus. Schließlich fand er einen Ton, wiederholte ihn und hörte ihm intensiv zu. Er hob den Blick und schaute mich mit fragenden Augen an.

Ich fragte: »Was hören Sie? Was ist gerade?«

Er sagte: »Das ist ganz komisch. Ich erinnere mich an eine Situation beim Abendessen mit meiner Mutter. Ich weiß nicht, warum.«

Ich ermutigte ihn, weiterzuerzählen.

Er berichtete, dass er damals am Nachmittag mit Freunden Fußball gespielt hatte und dabei sehr gut gewesen war und zwei Tore geschossen hatte. Er wollte seiner Mutter davon erzählen. Doch irgendwie brachte er es nicht über seine Lippen. Immer, wenn er sie anschaute, fühlte er sich, als würde er »abprallen«, als könne er sie nicht erreichen. Da war eine Leere zwischen ihm und seiner Mutter.

Als ich fragte, wer noch bei dem Abendessen dabei gewesen sei, sagte er: »Der Vater nicht. Der aß oft allein, oft erst später in seinem Sessel und las Zeitung.«

Eine weitere Leerstelle. Die Leere zwischen dem Kind und der Mutter und die Leerstelle Vater. Das Kind fand dafür keine Worte. Aber das Unbehagen über das, was für ihn nicht zu greifen und nicht zu begreifen war, klang in dem Ton nach, den er mit seinem Finger auf dem Klavier wiederholte. Er erzählte später, dass er oft solche Empfindungen habe: »Mir ist dann so, als würde etwas fehlen. Aber ich weiß nicht, was. Da ist auch ein Stück Sehnsucht dabei, irgendeine Suche. Aber ich weiß gar nicht, wonach ich suche.« Mir fällt dazu ein Vers von Heinrich Heine ein:

Ich lieb' eine Blume, doch weiß ich nicht welche;
Das macht mir Schmerz.
Ich schau' in alle Blumenkelche,
Und such' ein Herz.

Die Leere zwischen den Menschen, die Leerstellen, das Abwesende in anderen sind nicht greifbar. Es bleibt diffus, und viele, vor allem Kinder, finden dafür keine Worte. Doch sie spüren es, und dieses Spüren äußert sich im berühmten »komischen Gefühl«, in einem andauernden oder immer wiederkehrenden Unbehagen. Das Unbehagen ist ein Indikator, ein Anzeichen für Leere-Erfahrungen – nicht immer, aber häufig. Es geht um Leere-Empfindungen, an denen Menschen leiden.

Viele kennen nicht nur das »komische Gefühl« als Indikator für Leere, sondern auch andere emotionale Regungen. Meist sind das Gefühle, die als sehr stark empfunden werden und einen Bedeutungsüberhang beinhalten, also eine Wucht innehaben, die die Menschen selbst als unangemessen erleben und die in den aktuellen Anlass hineinwirkt. Hier ein Beispiel: Ein junger Mann teilte mit, dass er manchmal eine rasende Wut empfinde. Er könne sich das nicht erklären und wolle es abstellen. Wir suchten danach, wann die Wutanfälle auftraten.

Nach einiger Zeit sagte er: »Jetzt wird es mir klar: Das kommt immer, wenn etwas im Ungefähren bleibt. Wenn mir jemand nicht klar sagt, was los ist, macht mich das fertig. Und Unverbindlichkeit hasse ist. Da greife ich ins Leere. Das halte ich nicht aus.«

Wie dieser Mann reagieren zahlreiche Menschen mit Wut und Zorn darauf, wenn sie ins Leere gehen. Unverbindlichkeit, aus welchen Gründen auch immer, kappt die Verbindung oder verhindert, dass überhaupt eine Verbindung entsteht. Dann können Wut und Zorn entstehen, die dies verändern, die die Leere abschaffen wollen. Da das aber nicht gelingt, steigert sich die Wut immer mehr. Und wenn die betreffende Person in ihrem Leben schon früher unter Leere-Erfahrungen litt, addiert sich oft verzweifelter Zorn über diese Erfahrungen zu dem aktuellen und wächst sich zu rasender Wut aus.

Eine Frau erzählte: »Manchmal spüre ich, dass ich gar nicht wahrgenommen werde. Als wäre ich nicht vorhanden. Ich weiß nicht, ob das dann wirklich so ist, aber ich fühle das und bin mir in dem Moment sicher. Ich reagiere dann so, dass ich ganz klein werde. Ich kann nichts mehr sagen, auch nicht nachfragen und mich nicht bemerkbar machen. Am liebsten würde ich dann weglaufen, ganz verschwinden. Ja, das mache ich dann ja schon: Ich verschwinde.«

Auch hier sind Leere-Erfahrungen der Auslöser. Beim Betrachten einiger solcher konkreten Situationen bestätigte sich der Eindruck der Frau, dass sie zumindest teilweise nicht wahrgenommen und nicht ernst genommen wurde. Sie wurde zu einer Leerstelle gemacht. Auch sie kannte das seit vielen Jahren, vor allem von ihrem Vater und in ihrer ersten Ehe. Sie konnte ihre Reaktion nun nicht mehr nur als leidvoll erleben, sondern auch als eine Kompetenz betrachten, Leere-Erfahrungen besonders feinfühlig wahrzunehmen. Auf dieser Basis ihrer Erkenntnis war es ihr nun möglich, auf die Suche nach alternativen Reaktionsmöglichkeiten zu gehen. Besonders hilfreich wurde für sie der Satz: »Hallo, hier bin ich!« Sie brauchte großen Mut, ihn auszusprechen, doch dann fand sie Freude daran, sich mit mithilfe dieses Satzes bemerkbar zu machen.

Eine andere Frau Anfang 60 beklagte »Wellen der Einsamkeit«: »Eigentlich fühle ich mich nicht einsam. Ich habe Freundinnen und Freunde, gute Nachbarn und eine tolle Familie. Und doch schwappt manchmal so eine Welle über mich. Ich werde dann nicht nass und gehe auch nicht unter, aber fühle mich zutiefst einsam. Das macht mich auch traurig.«

Auch hier stellten sich Leere-Erfahrungen als Auslöser heraus. »Manchmal fühle ich mich als Frau in meinem Alter nicht ernst genommen. Man hört mir nicht zu, oder ich will jemanden um etwas bitten und erreiche diese Person nicht. Das macht mir dann so viel aus, dass diese Welle kommt.«

Diese Frau schenkte den leichten Leere-Erfahrungen in ihrem Alltag nur wenig Beachtung. Doch zusammen mit ihren früheren leidvollen Leere-Erfahrungen entfalteten sie eine solche Wucht, dass die »Wellen der Einsamkeit« über die Frau hinwegschwappten und sie dadurch erst auf diese Erfahrungen aufmerksam werden konnte.

All diese Reaktionen auf Leere – vom komischen Gefühl über die rasende Wut und das Erstarren bis zur Welle der Einsamkeit – sind wie viele andere den meisten Menschen nicht als Ausdruck von Leere-Erfahrungen bewusst. Doch diese Erfahrungen sind der heimliche Auslöser und Verstärker der beschriebenen Empfindungen und Verhaltensweisen.

3 Im Nebel

Ein Mann kam zu mir für therapeutische Begleitung, weil er zunehmend Probleme mit seinem Partner hatte. Sie liebten sich, wussten aber nicht mehr, woran sie jeweils bei einander waren. Es gab so viel Verwirrung, Missverständnisse und Irritationen, die sich manchmal in Konflikten entluden oder zumindest eine gewisse Distanz zwischen ihnen schufen. Wir arbeiteten an dieser Beziehung und an den biografischen Beziehungserfahrungen des Klienten.

Dabei fiel mir auf, dass alle Aussagen, die ich machte, von ihm nochmals hinterfragt wurden. Auch Antworten, die ich auf seine Fragen gab, riefen wiederum eine Nachfrage hervor und brauchten eine Bestätigung. Als ich zu ihm nach einer Krankheitspause sagte: »Schön, dass Sie wieder gesund sind«, erwiderte er: »Ja. Meinen Sie?« Das empfand ich zuerst als Misstrauen mir gegenüber. Doch als wir darüber redeten, wurde mir deutlich, dass es kein Misstrauen war, sondern ein einfacher Reflex. Der Reflex ergab sich daraus, dass er nicht glauben konnte, was er hörte. In der Beschäftigung mit seiner Beziehungsbiografie war deutlich geworden, dass seine Mutter immer doppeldeutig gewesen war (der Vater war nicht präsent). Dieser Klient wusste nie, woran er war. Er war verwirrt und orientierungslos. In jeder sachlichen Aussage der Mutter war eine inhaltliche Aufforderung verborgen gewesen, die aber nicht ausgesprochen wurde. Also war er als Kind und Junge gezwungen gewesen, immer wieder alles, was er hörte, zu überprüfen, zu hinterfragen und eine Bestätigung zu suchen, was denn nun wirklich war. Er selbst beschrieb diesen Zustand, als würde er im Nebel herumirren.

Die Quelle dieses Zustands lag in Leere-Erfahrungen. Die Mutter war so mit ihren eigenen Problemen beschäftigt und so überwältigt gewesen, dass sie den Jungen nicht wahr- und ernst nehmen konnte. Sie hatte ihn mit seinen Impulsen, Fragen und Wünschen ins Leere gehen lassen, von wenigen Ausnahmen abgesehen. So war das Herumirren im Nebel für ihn zur Gewohnheit geworden. Die Leere war ihm als Erfahrung nicht bewusst. Das Diffuse war selbstverständlich.

Ähnliche Beobachtungen habe ich bei vielen Klient*innen gemacht. Wer im Nebel aufwächst, sieht keine Wegweiser. Er muss alles selbst finden, den eigenen Weg und auch den Weg der anderen. Die Wegweiser, die auftauchen, müssen – und das ist zur Selbstverständlichkeit geworden – überprüft werden. Immer.

Einher geht dies mit Selbstverunsicherung. Menschen wie dieser Klient können durchaus einiges anpacken, Wege einschlagen und Richtungen festlegen für sich und ihr Leben, doch ist dies immer mit einer hohen Anstrengung verbunden und erfordert einen großen Kraftaufwand. Das ermüdet und führt oft zum Misslingen, allein schon aus Erschöpfung. Dann kommen Selbstvorwürfe und Schuldgefühle hinzu.

Oft wird das, was der Klient erfahren hat, als Doppelbotschaft bezeichnet. Diese Bezeichnung beinhaltet durchaus einen richtigen Aspekt. Die Bezeichnung »Doppelbotschaft« impliziert allerdings, dass es eine doppelte Botschaft bzw. genau zwei Botschaften gibt. Doch für Menschen wie diesen Klienten ist selbst das zu klar. Er empfand diffusen Nebel. Die Beziehungsqualität von Menschen, die Doppelbotschaften ausstrahlen, und von jenen, die solche Botschaften erhalten, ist Leere. Deswegen sind die Folgen der Verunsicherung und des Zwangs, alles überprüfen zu müssen, ein Ergebnis von Beziehungsleere-Erfahrungen. Der Nebel ist eine Qualität der erfahrenen Leere.

4 Ohne Verbindung keine Bindung

Zu den Grunderfahrungen, die wir Menschen in der Kindheit brauchen, gehört, dass wir uns an andere anlehnen können. Doch wenn wir uns anlehnen wollen und da ist niemand, fallen wir ins Leere – und das schmerzt. Wenn jemand sich auf einen Stuhl setzt und sich dabei an die Rückenlehne anlehnen möchte, die aber gar nicht vorhanden ist oder bei der ersten Berührung zerbricht, dann wird dieser Mensch so schmerzhaft hinfallen, dass er zumindest über lange Zeit vorsichtig sein wird, sich überhaupt auf einen Stuhl zu setzen, und er wird erst recht gehemmt sein, sich an eine Stuhllehne anzulehnen. So geht es Menschen, die sich an andere anzulehnen versuchten, aber von ihnen nicht gehalten wurden.

Wenn dies einmal oder nur gelegentlich geschieht, können die meisten dies verkraften und darüber hinwegkommen, indem sie genauer entscheiden, wer sie halten kann und wer nicht. Etwas Skepsis und Misstrauen wird bleiben, doch die Fähigkeit, sich anzulehnen, wird nicht ganz verloren gehen. Falls die Erfahrung, ins Leere zu fallen statt gehalten zu werden, allerdings immer wieder vorkommt, kann dies das spätere Bindungsverhalten massiv beeinträchtigen.

Ich rede nicht sofort von »Bindungsstörungen«, sondern von Unsicherheiten und Einschränkungen, sich mit anderen zu verbinden. Unter Bindung verstehe ich die Fähigkeit, vertrauensvolle und nachhaltige Verbindungen einzugehen. Wenn durch Leere-Erfahrungen das Vertrauen gestört oder gar zerstört wurde und sich dies wiederholt hat, dann ist diese Fähigkeit auch gestört. Wie sich die Bindungseinschränkungen und -verstörungen oder Bindungsunsicherheiten dann bei den Einzelnen zeigen, ist so unterschiedlich wie die Menschen selbst. Sehr häufig ist mir die Bindungsangst begegnet. Oberflächliche Kontakte rufen da noch keine Angst hervor. Doch sobald es intensiver wird, sobald etwas hin- und herschwingt, die Verbindung an Intensität gewinnt und eine Zukunft haben könnte, tritt die Angst auf. Manche haben Angst zu versagen, andere, verletzt zu werden. Wieder andere fürchten sich, wieder ins Leere zu greifen und nicht gehalten zu werden, wenn sie versuchen, sich anzulehnen.

Oft ist dies nicht bewusst. Das Verhalten in den Bindungen und Verbindungen wird nicht mit den Leere-Erfahrungen in Zusammenhang gebracht. Manche werden aggressiv oder leisten sich schräge Sachen, die sie sonst nie tun würden, wenn es ernst wird mit der Verbindung zu einem anderen Menschen. Sie werden aggressiv oder benehmen sich so, dass die Beziehung sicher auseinander geht. Das hilft, dem Verlassenwerden vorzubeugen und nicht wieder ins Leere gestoßen zu werden. Die Leere war zumindest unbewusst eine so schlimme Erfahrung, dass eine Wiederholung nicht aushaltbar erscheint.

Eine Frau, mit der meine Frau und ich uns im Zuge eines Forschungsprojekts zur transgenerativen Trauma-Weitergabe unterhielten, erzählte: »Also, dass ich mich so ganz auf meinen Mann verlassen kann, das glaube ich nicht. Ich passe da immer auf.« Eine andere: »Ich wünsche mir nichts mehr, als dass ich mich mal wirklich fallen lassen kann. Aber wehe, das bietet mir jemand an. Dann fange ich sofort an, um mich zu hauen.«[2]

Die Sehnsucht nach Halt und Gehaltenwerden ist vorhanden. Das Vertrauen, um dies zulassen zu können, ist jedoch durch die früheren Leere-Erfahrungen gestört oder zerstört. Hier ist es immer hilfreich, so zumindest meine Erfahrung, wenn diese Bindungsverunsicherung mit dem Leere-Erleben in Verbindung gebracht wird. Sonst schimpfen die betroffenen Menschen nur mit sich und versuchen, sich noch mehr anzustrengen, oder halten sich für krank und resignieren. Die Leere-Erfahrungen als Quelle zu erkennen, ist noch keine Lösung, aber der Anfang der Veränderung. Oft wird dann der Schmerz deutlich, nicht gehalten und in seiner Sehnsucht nach Vertrauen zurückgestoßen oder abgewehrt worden zu sein. Es braucht eine unterstützende Begleitung, um diesen Schmerz auszuhalten. Doch auch diese Tränen können wieder trocknen. Waren die betroffenen Menschen früher in ihrem Leere-

---

2 Baer, Udo & Frick-Baer, Gabriele: *Wie Traumata in die nächste Generation wirken*, S. 59.

Erleben allein, so ist in der therapeutischen Begleitung (oder auch mit Freund*innen und Angehörigen) eine neue Qualität darin möglich, diese Erfahrungen durchzustehen und zu überwinden.

5 Leere und die Einsamkeit

In der Leere ist niemand, deshalb machen Leere-Erfahrungen oft einsam. Ein Mann erzählte: »Ich war als Kind immer einsam. Es gab keine Verbindungen zu meinen Eltern und auch nicht zu anderen Verwandten. Da war nur Leere, sonst nichts. Man sprach miteinander, aber nicht mit dem Herzen. Mir hörte niemand wirklich zu. Ich wusste nicht, wie es meinen Eltern geht, mich fragte niemand, wie es mir geht. Das war damals für mich normal. Ich hatte keine Worte für meine Einsamkeit und flüchtete mich in Fantasiewelten. Mit anderen Kindern kam ich einigermaßen zurecht, aber da fehlte auch etwas. Es war oberflächlich, ich kannte es nicht anders.«

Ich begegnete in meiner Arbeit (und in privaten Begegnungen) sehr häufig dieser Leere-Einsamkeit, und immer hatte sie nachhaltige Folgen. Eine Frau berichtete: »Beziehungen gab es bei uns nur zu Gott. Der sah alles, und mit dem musste man sich gut stellen, so wurde ich erzogen. Und immer fühlte ich mich schuldig, weil ich den Anforderungen nicht genügen konnte. Ich habe nicht gehört, was mein Vater oder meine Mutter meinten – immer nur, was sie dachten, was Gott meint. Gott war meine Familie und nicht meine Eltern. Meine Schwester hat nur rebelliert, und ich bin ganz still geworden. Das konnte ich dann später nicht ablegen, und über mich zu reden, fällt mir immer noch schwer. Mich dafür zu interessieren, was andere fühlen, macht mir immer noch ein schlechtes Gewissen. Als ob ich damit Gott verrate. Aber es wird besser. Langsam.«

Und eine andere Frau hatte die Leere als Ergebnis unaussprechbaren Stresses der Eltern erlebt: »Meine Eltern waren mit ihrer Arbeit so voll, dass für mich nichts übrig blieb. Ich lief irgendwie mit, alles andere war wichtiger. Da war irgendwie eine Wand zwischen mir und ihnen, und diese Wand war ein Hohlraum. Ich zog dann um. Nicht real, das ging ja als Kind nicht. Aber ich lebte in meiner Vorstellung auf dem Ponyhof und redete mit den Ponys und den anderen dort. Meine Tochter hatte jetzt auch so eine Phase, und ich bekam schon ein schlechtes Gewissen, was ich falsch gemacht habe. Aber bei ihr ging das wieder vorbei, das ist bei Kindern wohl so. Als ich Kind war, blieb diese Traumwelt das Liebste, was ich hatte, denn der Ponyhof war mein Rettungsweg, um die Einsamkeit zu überleben.«

Die Fähigkeiten von Kindern, in und trotz der Leere-Einsamkeit zu überleben, sind bewundernswert. Und doch hinterlässt die Leere-Einsamkeit Spuren. Denn den Kindern und Jugendlichen oder Erwachsenen fehlt das Übungsfeld, um Kontakte, Begegnungen und Beziehungen auszuprobieren und einen eigenen Weg und Stil zu finden, diese zu leben. In der Leere ist es egal, ob ein Mensch Fehler in Begegnungen macht. Da ist niemand, der darauf reagiert.

6 »Ich bin nichts«

Wenn Kinder korrigiert werden, wenn man ihnen sagt oder zeigt, dass sie etwas falsch gemacht haben, dann muss das keine nachhaltigen Folgen haben. Sie sind vielleicht ärgerlich oder traurig, finden es ungerecht oder können es annehmen und ihr Verhalten ändern. Wenn Kinder allerdings ständig hören, dass sie etwas falsch machen, und wenn es keine gegenteiligen Aussagen gibt, an denen sie sich orientieren können, dann entsteht in ihnen irgendwann die Überzeugung, dass sie falsch *sind*.

Wenn Kinder ins Leere gehen, hat dies ähnliche Konsequenzen. Geschieht dies einmal oder gelegentlich, verkraften sie es. Gehen sie aber andauernd ins Leere, werden sie immer wieder übertönt oder überhört, nicht wahrgenommen und nicht ernst genommen, dann entsteht in ihnen die Überzeugung, dass sie es nicht wert sind, beachtet und gewürdigt zu werden. Aus der Grundüberzeugung »Ich bin es nicht wert« erwächst das Empfinden »Ich bin nichts«.

Ein Mann verlor seine Arbeit, weil die Firma, in der er als Bauzeichner gearbeitet hatte, in Konkurs ging. Daraufhin rutschte er immer mehr in die Depression. Seine Frau machte Druck und setzte ihm die Pistole auf die Brust: »Entweder du tust etwas für dich oder mit uns ist es aus!« So kam er zu mir. Keine optimale Voraussetzung für einen therapeutischen Prozess, dachte ich. Wie soll eine Therapie gelingen, wenn die Motivation nicht aus dem Klienten selbst entspringt, sondern aus dem Druck einer ihm nahestehenden Person? Also versuchte ich, seinen Veränderungswillen zu erkunden. Und siehe da, er war da. Seine Frau hatte wohl seine Not in ihrer eigenen erkannt und ihm den notwendigen Schubs gegeben. Auf meine Frage, wie er selbst seine Situation einschätze, meinte er, er sei nicht mit dem zufrieden, wie es sei. Aber er wisse nicht, was er tun könne. Und dann kam der entscheidende Satz: »Ich halte mich nicht aus.« Er verbrachte viel Zeit mit Computerspielen und baute da neue Welten, war aber der Ansicht, er könne im »richtigen Leben«, wie er es nannte, kein Ikea-Regal zusammenbauen. »Ich weiß schon, dass ich das nicht hinbekomme, bevor ich beginne.« So schickte er auch für einen neuen Arbeitsplatz keine Bewerbungen ab, weil er sich vorher schon sicher war, dass er ja doch abgelehnt werden würde.

Als er über einen früheren Kollegen doch noch einen neuen Arbeitsplatz fand, wo seine Qualifikation dringend gebraucht wurde, schätzten die neuen Kolleg*innen ihn und seine Arbeit und verstanden nicht, warum er sich selbst so klein und fertig machte. Er verstand sich auch nicht.

Als wir versuchten, seinen inneren Kern zu erkunden, nahm er ein Stück Ton und begann ihn zu gestalten. Zuerst formte er eine Schale, die dann aber zu einem immer größeren Hohlraum wurde, zu einer Kugel, die zu einem Dreiviertel von sehr dünnen und rissigen Wänden umschlossen wurde.

»Was sehen Sie? Was haben Sie da in der Hand?«, fragte ich ihn.

»Das ist alles hohl innen drin. Da ist nichts, wie bei mir.«

»Was war in Ihrem Leben ›nichts‹? Was war ›hohl‹?«

»Alles. Alle haben nur so getan, als ob. Nichts war wahr. Nichts war ehrlich ...«, meinte er und erzählte mir mehr über sein Leben. Es war eine Biografie der Leere-Erfahrungen. Ich war erschrocken. Er schließlich auch, zumindest ein wenig. Dies war der Wendepunkt in unserer Arbeit, in seinem therapeutischen Prozess. Nun konnte er losgehen und Wege suchen, um aus der Leere heraus zu kommen und mit meiner Unterstützung Alternativen zu dem »Ich bin nichts« zu finden.

Manche Menschen, es sind viele, zu viele – und in meinem beruflichen Kontext meist Frauen – entwickeln ein katastrophal niedriges und verunsichertes Selbstwertgefühl bis dahin, dass sie sich wertlos und als »Nichts« fühlen wie dieser Mann. Das zur Leere gemachte Selbst beschreibt Elisabeth Borchers in ihrem Gedicht[3] eindringlich:

---

3 Aus: Conrady, Karl Otto (Hrsg.). (2008). *Der Große Conrady – Das Buch deutscher Gedichte. Von den Anfängen bis zur Gegenwart.* München und Zürich: Artemis & Winkler. S. 1008.

Täglich

Ich lebe
mit Tischen und Stühlen
mit Städten die sich öffnen und schließen
mit einer Erde die auf dem Wasser schwimmt

Ich lebe
mit Kindern
die sich den Tod holen
mit Kraut und mit Unkraut

Ich lebe
mit dem Schiff in der Flasche
ein Auge geht auf
das andere unter

Ich lebe
von der Hand in den Mund
da fehlt die Hand
da fehlt der Mund

Andere reagieren aus der Not der Leere-Erfahrungen heraus auf gegenteilige Weise. Sie blähen sich auf und tun so, als sei dieser aufgeblasene Luftballon um die Leere herum Beweis einer Fülle.

Eine Frau kam zu mir als Klientin mit einer ähnlichen Vorgeschichte wie der eben beschriebene Mann. Die Art, wie sie sich vorstellte, ließ sie als die Beste und Größte erscheinen. Wenn sie erzählte, dass sie von anderen kritisiert worden war, hielt sie das für einen Teil einer Verschwörung und nur aus Neid geboren. Alles, was sie irritierte oder störte, war Ausdruck feindlicher Haltungen. Wenn eine andere Person eine gute Idee hatte, war sie sicher, dass sie von ihr gestohlen war. Eine solche Leere hat eine eigene Qualität, die ich in Teil B näher beschreiben werde. Die Folgen sind letztendlich eine massive Reduktion sozialer Kontakte und Beziehungen. Menschen mit einem durch Leere geschädigten inneren Kern halten sich selbst kaum aus und werden auch für andere mehr oder weniger unaushaltbar. Der erwähnte Mann hatte sich sehr zurückgezogen, und seine Ehe war in Gefahr. Diese Frau hatte wie manch andere eine Zeit lang durchaus Erfolg, doch wie meistens blieb dieser Erfolg nicht dauerhaft.

Üblicherweise begeben sich Menschen, die sich für so großartig halten, nicht in einen therapeutischen Prozess, sondern meinen, sie haben so etwas nicht nötig (eher die anderen). Doch diese Frau, meine Klientin, war zusammengebrochen, denn sie war entlassen worden wegen Inkompetenz und weil sie den Betriebsfrieden an ihrer Arbeitsstelle gestört hatte. Sie verstand die Welt nicht mehr und wurde krank. Ihr Hausarzt riet ihr, eine Therapie zu beginnen. Über eine gemeinsame Bekannte kam sie zu mir. Sie erinnerte mich sofort an den Mann, den ich zuvor beschrieben habe. Auch da schien der innere Kern hohl zu sein, eine Leerstelle. Nur hatte sich bei ihr um diese Leere herum ein aufgeblasener Luftballon befunden, der nun geplatzt war. Es ging darum, das Leid der Leere wahrzunehmen und nicht auszublenden, sich dem gemeinsam mit mir und auch mit der Unterstützung anderer zu stellen und kleine Schritte zu entwickeln, um ihren inneren Kern auch ohne den Schutz des Luftballons wieder aufzubauen, neu aufzubauen.

7 Sucht und Angst ohne Maß – Leere hat keinen Anfang und kein Ende

Wir Menschen brauchen ein Gespür für das Maß. Damit meine ich nicht das objektiv messbare Maß, das auch in dem Wort »Maßstab« enthalten ist und den Stab meint, mit dem man zum Beispiel den Abstand zwischen zwei Mauern oder die Größe eines Kindes misst. Ich meine hier ein inneres, leiblich gespürtes Maß, das gleichzeitig nach außen wirkt, ein Maß, an dem wir uns orientieren in Bezug darauf, wie Äußeres auf uns einwirkt und wie wir uns gegenüber Äußerem verhalten.

Alle Menschen werden mit einem biologisch verwurzelten, spürbaren Maß geboren, was den Hunger oder den Durst betrifft. Wir müssen als Menschen nicht lernen, Durst oder Hunger zu spüren. Dafür sorgt unser Organismus von allein. Die Bedürfnisse, die daraus erwachsen, führen zu entsprechenden Handlungen, um etwas zu essen oder zu trinken. Doch auch Essen und Trinken kann maßlos werden. Dann wirken die Einflüsse des Erlebens stärker als die biologische Fähigkeit und Essen wird zur Essstörung.

Bei vielen anderen, ja bei den meisten Fragen des Maßes spielt die Biologie keine Rolle. Soll ich abends nach Feierabend meine Mails beantworten? Wie nahe darf ich dieser Frau oder diesem Mann kommen? Soll ich noch eine Flasche Wein aufmachen und trinken? Ist das Geburtstagsgeschenk zu klein oder zu groß? Solche und viele andere Fragen beschäftigen uns Menschen. Mit den Wörtern »Maß« bzw. »Maßlosigkeit« sind hier die Orientierungen gemeint, um solche und ähnliche Fragen zu beantworten. Diese Art Maß ist subjektiv und von den Erfahrungen eines jeden und den familiären sowie gesellschaftlichen Einflüssen geprägt.

Damit Menschen ein Maß für ihr Leben und Erleben finden können, dafür, was sie tun und wie sie Begegnungen mit anderen gestalten, brauchen sie Erfahrungen – Erfahrungen mit anderen Menschen, Erfahrungen, die Fürsorge, aber auch Reibung beinhalten. Wer niemanden hat, um sich nebeneinanderzusetzen, kann sich auch nicht auseinandersetzen. Für das Maß unserer Bemühungen und Handlungen, für das Maß von Nähe oder Distanz, für das Maß unserer Gefühle und anderer Impulse gibt es keine objektiven Maßstäbe. Doch subjektive Maßstäbe existieren, und diese braucht jeder Mensch. Sie können sich verändern oder starr sein, fest oder variabel sein, mit gesellschaftlichen Normen übereinstimmen oder davon abweichen, doch Maßstäbe haben wir alle und benötigen sie auch alle.

Wenn ein Mensch aber in Leere aufgewachsen ist, wird es schwierig, Maßstäbe zu entwickeln. Leere hat kein Maß. Darunter leiden viele, und daraus kann Sucht entstehen. Das Wort »Sucht« entstammt nicht, wie man manchmal hört, dem Wort »suchen«, sondern kommt von *suht*, später *siech* und bedeutet »Krankheit, Siechtum«. Sicherlich suchen Menschen mit Suchterkrankungen nach vielerlei, zum Beispiel nach Glück und Nähe, Wärme und Erfolg. Doch der Kern der Sucht ist nicht die Suche, sondern die krankhafte Qualität ihres Verhaltens. Ihre Erkrankung heißt Maßlosigkeit. Viele leiden an ihrer Maßlosigkeit, also wird das »Mehr« zum Maßstab, zur Orientierung, zum Leitstern, zum Beispiel in Form von mehr Sex, mehr Essen, mehr Anerkennung, mehr Geld, mehr Alkohol, um die Leere zu füllen.

Der britische Keramiker und Autor Edmund de Waal beschreibt in »Die weiße Straße«[4], seiner Geschichte des Porzellans (und gleichzeitig der Geschichte seiner Leidenschaft), die aus Leere entspringende Maßlosigkeit des sächsischen Königs August den Starken: »Das Mehr, der Exzess, die Wiederholung bringt die Möglichkeit zurück, etwas zu fühlen, zu empfinden, ein Stocken seines Atems und ein Loslassen, das Leben ist. (...) Es gibt das Vergnügen, beneidet, das Vergnügen, gefürchtet zu werden, und das Vergnügen auf ein Mehr neuer Besitztümer herabzublicken, aber von all den Freuden ist ›mehr‹ das Einzige, das wirkt.«

Dieses Mehr nährt das Noch-mehr und wird zur Sucht. Bei den stoff-

4 De Waal, Edmund: *Die weiße Straße*, S. 189 f.

lichen Süchten wie Alkohol und Drogen kommt der suchterzeugende Charakter der Stoffe hinzu. Was als Ablenkung und Betäubung des Leids der Leere-Erfahrungen beginnt, wird zu einem Prozess, der sich chronisch verstärkt und immer weiter in die Sucht hineinführt. Das gilt für alle Süchte, zum Beispiel auch für die sich verbreitende Spielsucht.

Nach dem Suchtmittelgebrauch entsteht oft ein »schales Gefühl«. So berichtete ein Betroffener: »Wenn ich stundenlang am Computer gespielt habe, bin ich irgendwie nicht froh oder befriedigt. Ich kann vorher nicht aufhören und habe Erfolgserlebnisse. Die tun mir gut. Doch danach ist alles leer. Ich bin leer wie die Welt drumherum. Das Einzige, was ich in der Leere spüre, sind Selbstvorwürfe, dass ich mal wieder versagt habe.«

Die Suchttendenzen verstärken auch die soziale Leere, wie derselbe Klient erzählte: »Ich zieh mich immer mehr zurück. Ich weiß auch nicht, wie das kommt. Ich brauche ja viel Zeit zum Spielen. Früher habe ich mich da mit Freunden getroffen oder telefoniert. Und wenn ich jetzt jemanden besuche, muss ich immer auf mein Handy schauen, um zu sehen, was im Spiel passiert.« Die Sucht produziert Einsamkeit, und die Einsamkeit treibt wiederum die Sucht an.

Auch im Alltag von Menschen ohne Suchtproblematik zeigen sich bei massiven Leere-Erfahrungen Schwierigkeiten, ein Maß zu finden. Eine Frau erzählte: »Ich bin eigentlich nie zufrieden. Ich weiß nie oder nur ganz selten, wenn etwas genug ist. Es könnte immer noch mehr oder besser sein. Bei mir und auch bei meinem Partner und den Kindern. Und meine Gefühle sind eine Achterbahnfahrt, immer hoch und runter, ganz schnell und ganz stark.«

Eine andere Frau berichtete von ihrer maßlosen Angst, die sie oft überfiel. Angst ist wie alle Gefühle sinnvoll. Sie hält uns Menschen dazu an, vorsichtig zu sein und Gefahren zu meiden. Wenn wir Angst haben, auf der Straße von einem Auto überfahren zu werden, bleiben wir am Bürgersteig stehen oder warten das Grün an der Fußgängerampel ab. Die Angst hält uns zurück und hilft dabei, uns vor Schaden zu bewahren. Eine solche Angst ist konkret. Es gibt aber auch andere Ängste, wie die existenzielle Angst und viele weitere.[5]

---

5 Baer, Udo & Frick-Baer, Gabriel: *Das große Buch der Gefühle.*

Dazu zählt auch die Leere-Angst. Wenn Menschen massive und wiederholte Leere-Erfahrungen machen, löst das bei ihnen Angst aus. Sie wissen dann nicht, wo sie sind, wer sie sind und woran sie sind. Diese Angst lässt sich nicht konkretisieren, weil die Leere nicht konkret ist. Diese Angst hat kein Maß, weil die Leere kein Maß hat. Diese Angst, die in und aus Erfahrungen der Leere entsteht, ist für viele Menschen eine maßlose Angst. Manche begleitet diese maßlose Angst kontinuierlich ihr Leben lang. Andere werden von maßlosen Angstattacken überfallen, in denen ein möglicherweise kleiner konkreter Anlass, sich zu fürchten, zu einer maßlosen Angst anwächst. Sich auf die Formen der Angst zu konzentrieren, hilft auf die Dauer kaum weiter, doch macht es Sinn, sich der ihr zugrunde liegenden Leere zuzuwenden.

Die Leere hat keinen Anfang und kein Ende. Viele Aspekte der Maßlosigkeit, die ich beschrieben habe, beziehen sich darauf, dass Menschen kein Ende finden, zum Beispiel beim Arbeiten oder beim Trinken. Doch die Maßlosigkeit kann sich auch auf den Anfang beziehen. Eine Frau erzählte zum Beispiel, dass sie große Probleme habe anzufangen, wenn sie sich etwas vorgenommen hatte: »Das betrifft auch Sachen, die ich eigentlich gerne mache. Wenn ich dann dabei bin, läuft das gut und macht oft sogar Spaß. Aber vorher?! Da schiebe ich auf und komme nicht in Gang. Ich finde den Anfang nicht.«

Auch in der Begleitung dieser Frau wurde deutlich, dass sie vor allem in jungen Jahren massive Leere-Erfahrungen machen musste. Bei ihr zeigte sich das nicht darin, dass sie mit etwas nicht aufhören konnte, sondern dass sie eben den Anfang nicht fand. Das war keine Frage mangelnder Willenskraft, wie sie oft gelesen hatte und sich selbst vorwarf, sondern eine Folge der Leere. In der Leere gibt es keinen Startschuss. Im Laufe der Auseinandersetzung mit ihren Leere-Erfahrungen und der erfolgreichen Suche nach alternativen Erfahrungen legte sich auch ihr Problem und es viel ihr zunehmend leichter, mit einer Tätigkeit anzufangen.

Viele Menschen wissen oft gar nichts mit dem Begriff »Maß« anzufangen und erschrecken vor dem Begriff »Maßlosigkeit«. Sie verstehen ihn oft zunächst als persönliche Zuschreibung und fühlen sich verletzt. Umso wichtiger ist es, auf die Suche nach dem eigenen Maß zu gehen:

»Was ist mein eigenes Maß? Was ist mein Maßstab? Wo sind da meine Grenzen?« Dabei sind unerwartete Antworten auf diese Fragen und unorthodoxe Maßbeschreibungen wichtig und richtig. Ich bin Menschen begegnet, denen als eigenes Maß zum Beispiel »grün« einfiel oder »Windstärke 3«, andere nannten, »wenn ich unruhig werde« oder »wenn ich mich nicht mehr respektiere« als ihren Maßstab.

Wer den eigenen Maßstab findet, kann auch leichter seine eigenen Grenzen respektieren. Die Grenzen (und Grenzüberschreitungen) anderer Menschen zu spüren und entsprechend zu handeln, ist Teil des Prozesses, seine eigenen Grenzen wahrzunehmen und zu beachten.

Wer aber mit Leere statt eines Gegenübers aufgewachsen ist, findet oft kein Maß für seine Gefühle, für seine Leidenschaft, für seine Erregung, für seine Bewertungen. Doch dieses Maß gilt es zu finden, individuell, mit Geduld und mit Menschen, die diese Suche begleiten.

8 »Ich leiste, also bin ich«

Im vorigen Kapitel habe ich davon geschrieben, dass die Leere kein Maß hat. Wir brauchen andere Menschen, um unser eigenes Maß zu entwickeln. Wir übernehmen es von Vorbildern, reiben uns an den Maßstäben, die uns auferlegt werden, entwickeln eigene, sind immer wieder auf der Suche und probieren aus. Doch wenn wir diesen Prozess nicht selbst erfahren und gestalten konnten, weil wir wiederholt ins Leere gingen – wie kann dann ein Gefühl für das eigene Maß entstehen? Manche greifen dann zum Alkohol, zum »Maß Bier« und ertränken ihre Leere und Verunsicherung in Drogen. Andere orientieren sich an Maßstäben, die nicht ihre eigenen sind oder bei denen sie gar nicht ausprobieren konnten, ob und wie es ihre eigenen werden könnten.

Ein sehr häufig genutzter Maßstab, der auch gesellschaftlich Anerkennung findet, ist die Leistung. Oft ist die Leistungsorientierung, vor allem wenn sie in krasser und gesundheitsschädigender Form auftritt, ein Ergebnis von Leere-Erfahrungen. Manchmal bildet sie auch Vorbilder ab, in erster Linie elterliche Vorbilder, die Leistungsorientierung vorgelebt und gefordert haben. Oft verbinden sich Leere und Leistung auch in sehr unguten und ungesunden Verknüpfungen. »Ich habe immer nur Anerkennung von meinen Eltern bekommen«, erzählte eine Klientin, »wenn ich gute Noten hatte. Sonst war ich denen egal. Sonst war da nichts.« Später litt sie darunter, dass sie selbst sehr leistungsorientiert war. Diese Orientierung war das einzige Maß, das sie kannte. Es war ein mühsamer, aber sehr erfolgreicher und beglückender Weg für sie notwendig, um diese Not zu wenden.

Ein anderer Klient erzählte, dass sein Vater ein Vorbild für ihn war: »Dass er immer nur arbeitete und für alles andere zu müde war, hat mich abgestoßen … und doch auch geprägt. Ich mache es oft genauso.

Mein Vater konnte mit uns Kindern nichts anfangen. Da war nichts. Ich merke jetzt, dass ich so viel arbeite, dass mir manchmal die Verbindung zu den Kindern verloren geht. Das will ich nicht.«

Auch wenn es für die Leistungsorientierung ohne Maß kein Vorbild in der Familie, in der Schule oder anderswo gab, ist sie doch häufig eine Antwort auf frühere Erfahrungen. Mit Leistung kann man erreichen, dass man gesehen und wahrgenommen wird, es können dadurch Verbindungen zu anderen geschaffen werden, und Leistung kann Aufmerksamkeit produzieren. Ein Klient erklärte, dass für ihn selbst die Sexualität eine Leistung darstellte. Er meinte, mit seiner Frau schlafen zu müssen, auch wenn er keine Lust verspürte. Vor allem war ihm wichtig, dass immer – immer! – zuerst seine Frau zum Orgasmus kam und dann erst er selbst. Ein anderer Klient erzählte: »Ich habe einmal, als meine Frau drei Tage unterwegs war, unsere Küche völlig ausgeräumt und neu gestrichen, um ihre Aufmerksamkeit zu erringen. Vielleicht auch, um gelobt zu werden. Ich habe immer wieder versucht, etwas zu leisten, um Nähe zu bekommen ... Aber das funktionierte nicht. Dass ich die Küche neu gestrichen habe, hat sie gar nicht gemerkt. Ich musste sie am übernächsten Tag darauf hinweisen, sonst hätte sie es gar nicht wahrgenommen.«

Andere verausgaben sich im Sport und leisten, leisten, leisten, auch über den Rahmen ihrer Gesundheit hinaus. Ohne Leistung droht das Nichts. Eliud Kipchoge, zweimaliger Marathon-Olympiasieger aus Kenia, wurde in einem Interview[6] gefragt, was er denn seinem jüngeren Ich sagen würde. Er antwortete: »Dass Laufen Leben ist. Dass es keine Möglichkeit gibt, ohne Laufen zu überleben.«

Die erfolgreiche Triathletin Anne Haug (40) erzählte, dass Sport ihr Leben sei. Sie beschrieb ihren Druck, den sie auch im Training auslebte, so: »Ich muss immer das Schnellstmögliche machen und dann noch fünf Sekunden schneller. Das ist einfach in mir drin. Selbst wenn er (der Trainer) sagt: ›Entspann dich mal!‹ – ich kann das einfach nicht. Wenn man einmal die Zügel locker lässt, schleicht sich ein Schlendrian ein, und das würde ich mir nie zugestehen. Das ist meine größte Angst, dass

6 »Ich glaube nicht, dass man ohne Schmerz erfolgreich sein kann«. Interview von Melanie Haack in der Tageszeitung WELT vom 23.10.2023.

irgendwann der Wille bricht.«[7] Sie spricht im Interview von dem »kleinen Männchen mit der Peitsche«, das sie antreibe. Ich weiß nicht, ob diese Sportlerin und dieser Sportler Leere-Erfahrungen haben oder was sie sonst in diese Haltung getrieben haben mag. Ich zitiere sie hier, weil sie so treffend beschreiben, was ich von zahlreichen Klient*innen mit Leere-Erfahrungen gehört habe.

Ein weiteres Beispiel: Ein Mann Mitte dreißig überforderte sich ständig und drohte zusammenzubrechen, weshalb er zu mir in therapeutische Behandlung kam. All sein Denken und Handeln kreisten um seine Arbeit, um seine Leistungsfähigkeit bzw. -unfähigkeit. Er konnte nach seinen eigenen Aussagen nie »loslassen« und trieb sich fortwährend an, noch mehr zu tun, noch mehr zu leisten. Da er sehr musikalisch war, bat ich ihn, auf einem der bereitstehenden Instrumente einen Ton für seine unablässigen Anstrengungen zu suchen. Zuerst meinte er, dass es dafür kein Instrument gebe. Ich ermunterte ihn, verschiedene auszuprobieren, bis er schließlich eine alte kleine Zither mit Bogen fand. Er strich auf einer äußeren Seite mit dem Bogen schnell hin und her. Die Töne klangen in meinen Ohren fast brutal und ließen in mir eine Ahnung seiner inneren Hektik und Anstrengung entstehen. »Das ist es«, meinte er. »So fühlt sich das an.«

Ich bat ihn, noch einmal zu spielen und dabei das Tempo zu variieren. Zunächst spielte er, was ich vorher kaum für möglich gehalten hätte, noch schneller, dann langsamer, immer langsamer. »Was hören Sie?«, fragte ich. »Langeweile, unerträgliche Langeweile«, antwortete er und wirkte dabei auf mich sehr einsam und traurig.

»Was verbinden Sie mit Langeweile? Welche langweiligen Situationen fallen Ihnen ein?«

»Ich erinnere mich gar nicht, dass mir mal langweilig war. Ich bin immer sofort in Aktion gegangen.«

Im weiteren Verlauf wurde deutlich, dass er Angst vor Langeweile hatte. Er konnte sich diese Angst nicht erklären, fand aber darüber eine Spur, warum er immer mehr in die Überforderung ging: »Ich glaube, ich versuche, vor der Langeweile davonzulaufen. Ich laufe immer schneller ...«

---

7 »Meine größte Angst ist, dass der Wille bricht«. Interview von Melanie Haack in der Tageszeitung WELT vom 12.10.2023.

Als Nächstes bat ich ihn, auf einem Instrument nun einen Ton für die Langeweile oder für die Angst vor Langeweile zu suchen, wie er sie jetzt empfand. Er probierte erneut mehrere Instrumente und Töne aus, griff dann wieder zu der Zither und zupfte nun auf einer Saite mit dem Finger, sodass ein leiser Ton entstand. Er wiederholte ihn mehrmals und wirkte erstaunt.

»Was hören Sie?«

»Ich höre mich«, antwortete er mit trauriger Stimme. »Ja, ich höre mich. Ich bin, glaube ich, so ein schrecklich langweiliger Mensch. Ich habe solche Angst, langweilig zu sein. Ich will nicht langweilig sein.«

Er war sich seit seiner Jugendzeit sicher, ein langweiliger Mensch zu sein, und davor lief er verzweifelt und mit aller Kraft davon. Dieser Klient war jahrelang ins Leere gegangen. Er war in Leere aufgewachsen, und so entstand sein Selbstbild: »Für mich interessiert sich niemand. Ich bin es nicht wert, dass man sich für mich interessiert. Ich bin langweilig. Ich bin eigentlich ein Nichts.«

Hinter seiner Anstrengung und dem Drang, immer mehr zu leisten, steckte die Angst vor Langeweile. Hinter seiner Angst vor Langeweile verbargen sich die Verzweiflung und existenzielle Verunsicherung, und hinter der stand wiederum die Leere-Erfahrung. So hatte er nicht zur Ruhe kommen und die wunderbare Qualität der »langen Weile« kennenlernen können.

Wenn Menschen in ihrem Leben oder in bestimmten Lebensphasen besondere Leistungen erbringen, in denen die Tendenz zur Selbstschädigung erkennbar wird, kann dies ein Versuch sein, Leere-Erfahrungen zu überwinden und die Leere zu füllen. Doch die Tragik oder zumindest Dramatik besteht darin, dass sich auch nach dem Erbringen dieser Leistungen ein Gefühl der Leere entwickeln kann. Das gilt sowohl für den Fall, dass man trotz seiner Anstrengungen gescheitert ist, als auch wenn die Leistungen zum Erfolg führen.

Die Leere nach dem Scheitern ist mir oft begegnet. Eine Klientin eröffnete zum Beispiel einen Laden mit besonderen Bioprodukten, doch sie musste ihn nach einigen Monaten wieder schließen, da die Nachfrage zu gering war. Vor allem die Konkurrenz der neuen Bio-Supermärkte und der Bio-Abteilungen in den herkömmlichen Lebensmittel-Supermärkten war zu groß.

Sie sagte: »Danach konnte ich gar nicht traurig sein. Ich war einfach nur leer. Ich hatte mir so viel Mühe gegeben und so viele Träume gehabt, und ich bin damit auf die Nase gefallen. Mit etwas Abstand kann ich schon sagen, dass das gar nicht so schlimm ist und dass ich gesund bin, weiterlebe und vielleicht auch etwas anderes unternehmen kann. Aber direkt danach war ich nur leer, ganz leer. Ich brauchte dann meine Freundin, die mit mir etwas unternahm, mit mir redete oder einfach nur mit mir kochte. Das musste gar nichts Großes sein. Aber der Kontakt zu meiner Freundin und zu meinen beiden Kindern, das war das Wichtigste, was mir geholfen hat, damit die Leere sich nicht in so eine massive Einsamkeit verwandelte.«

In ähnlicher Weise können Empfindungen der Leere nach einem Erfolg entstehen. Viele Menschen erleben Leere wie einen Absturz nach einem Erfolg, zum Beispiel nach einer bestandenen Prüfung. In dem wunderbaren Film »Anatomie eines Falls« gewinnt die Protagonistin, gespielt von Sandra Hüller, einen Prozess, in dem sie angeklagt worden war. Sie erzählt danach einem Freund, dass sie gedacht habe, nach diesem Erfolg käme die Freude, »aber es kam die Leere«. Oft fühlt sich auch nach einem Erfolg ein Mensch wie ausgehöhlt, als sei alle Energie in das Leisten und die Leistung gegangen, sodass danach nichts mehr übrig ist. Erschöpft zu sein, bedeutet dann, nichts mehr schöpfen zu können, nur noch leer zu sein. Für diejenigen, die das Glück haben, andere Menschen zu finden, die das Gefühl der Leere verstehen, mitfühlen und aushalten, wird sich dieses Erleben als Durchgangsphase erweisen können. Sie können die Chance nutzen, das zu finden, was ihnen als Person eigen ist, einschließlich ihrer eigenbestimmten Leistungsfähigkeit und -bereitschaft.

9 »Ich kann mich einfach nicht entscheiden«

»Wie geht es Ihnen?«

»Ich weiß nicht ... Ich weiß gerade irgendwie gar nichts mehr.«

»Wie kommt es? Was ist passiert?«

»Nichts ist passiert. Das ist es ja gerade. Ich bin total durcheinander ... Ich fühle mich so ... ganz klein ... wie ein Pflänzchen, das gerade so mit der Spitze aus dem Boden herauswächst. Ich kann mich einfach nicht entscheiden. Ich weiß nicht, wohin ich will, ob ich wegmuss ... Im Moment weiß ich nicht einmal, ob ich Nudeln oder Reis möchte, wenn mein Mann mich danach fragt. Das ist furchtbar, ich schäme mich so ... Ich bin ganz unglücklich mit mir.« So die Äußerung einer Klientin während einer unserer Treffen.

Eine andere Frau berichtete: »Ich wusste oft nicht, was ich wollte. So ging das mein ganzes Leben lang. Anfangs machte ich immer das, was die anderen sagten, und orientierte mich an denen, und das ging auch lange gut. Aber nach der Trennung von meinem ersten Mann merkte ich, dass das nicht funktioniert, und dann wurde es kritisch, ja richtig schlimm. Ich wusste nicht nur nicht mehr, was ich will, ich wusste auch gar nicht mehr so richtig, wer ich bin. Als der weg war, war ich nichts mehr ... Das ist immer noch schlimm, an diese Zeit zu denken. Ich bin dann stundenlang in der Stadt umhergelaufen und wusste gar nicht, was ich wollte und was ich suchte ... Vielleicht habe ich mich gesucht, aber gefunden habe ich mich jedenfalls nicht.«

»Ich kann mich *nie* entscheiden.« – »Ich wusste oft nicht, was ich wollte. *So ging das mein ganzes Leben lang.*« Wenn das Selbstbild eines Menschen wie bei diesen beiden Frauen geprägt zu sein scheint von der grundsätzlichen Unfähigkeit, sich zu entscheiden und zu wissen, was man will, dann drängt sich die Vermutung auf, dass sie in Leere aufgewachsen sind. Wahrscheinlich – so meine Erfahrung – sind sie in einer Atmosphäre groß geworden, in der es an Orientierung, an Entscheidungskriterien und an offenen Auseinandersetzungen um mögliche Entscheidungsalternativen gemangelt oder gefehlt hat – aus welchen Gründen auch immer. In der Leere sind keine Entscheidungen möglich, die Leere hat keine Alternativen.

Solche Erfahrungen lassen die Selbstzweifel groß und die Menschen klein werden. Das wird noch dadurch verstärkt, dass traumatische Erfahrungen gemacht werden mussten, in denen Täter*innen Entscheidungen über die Opfer getroffen haben, denen die Betroffenen nicht ausweichen und die sie nicht abwehren konnten. Dazu mehr in Teil B.

Menschen brauchen einen grundlegenden Kern von Selbstsicherheit. Wurde dieser geschwächt, gestört, verstört, ist es später schwer, Entscheidungen zu treffen. Eine andere Reaktion auf die Not der Leere-Erfahrungen besteht bei manchen darin, dass sie mit Entscheidungen geradezu um sich werfen, ohne sich auch nur einen Moment des Überlegens und Suchens, des Innehaltens und Zweifelns zu gönnen. Sie müssen vor sich und anderen den Anschein erwecken, als wüssten sie alles und könnten sofort spontan dieses und jenes entscheiden, schneller und besser als alle anderen. Dabei ist meiner Erfahrung nach auch diese Haltung oft sehr hohl. Dieses Verhalten ist mir eher bei Männern als bei Frauen begegnet. Es gibt für diese Menschen keine Suchbewegung, kein Nachdenken, kein Abwarten. Sie müssen sofort entscheiden und sofort handeln. Jede Pause, jede Verzögerung, jede Stille, jedes Sinnieren ruft die Gefahr massiver Leere-Erfahrungen auf den Plan. Da die Leere als furchtbar und existenzbedrohend erahnt wird, tun sie alles, um sich schon im Vorfeld vor jedem Anflug von Leere zu schützen. Der Preis, den sie dafür zahlen, ist hoch, denn dies wirkt sich auf die sozialen Beziehungen aus. Im beruflichen Umfeld wird dieses Verhalten manchmal als »entscheidungsfreudig« belohnt, wirkt aber auf Kolleg*innen eher nervig und ist im nahen privaten Umfeld meist schwer aushaltbar.

Bei beiden Extremen führt der Weg der Veränderung darüber, das eigene Maß zu finden. Dafür brauchen sie ihnen zugewandte Menschen, die die Not erkennen, die sich hinter der Entscheidungsleere verbirgt.

10 Wenn Hoffnung und Sinn erstorben sind

Ein Klient kam zu mir mit den Worten: »Ich weiß nicht, was mit mir los ist. Ich bin total erschöpft. Ich weiß nicht mehr weiter. Vielleicht habe ich einen Burn-out oder etwas anderes. Ich habe keine Ahnung. Irgendwie bin ich völlig leer.«

Ich fragte, woran er dies merke, und er erzählte dieses und jenes. Ich spürte die Müdigkeit im Raum, auch die Schwere, vor allem aber die Erschöpfung. Auf meine Frage, woraus er denn Kraft schöpfte, fiel ihm erst einmal gar nichts ein. Die Frage war viel zu früh. Wir mussten uns erst einmal der Müdigkeit widmen. So bat ich ihn ans Klavier und schlug ihm vor, ein oder zwei Töne für seine Müdigkeit zu finden. Er schaute mich skeptisch an, aber dann ließ er sich darauf ein und probierte einzelne Töne und Tonfolgen aus. Schließlich fand er eine kleine Tonfolge von drei Tönen, die er anfangs aufwärts, dann aber meistens abwärts mit einem Finger spielte.

»Was hören Sie?«, fragte ich ihn.

Er zuckte zunächst mit den Schultern, spielte aber weiter – immer wieder die gleiche Tonfolge. Dann meinte er: »Das hört sich so an, als hätte ich aufgegeben. Ich würde am liebsten stehen bleiben und nicht mehr weitergehen. Aber stehen bleiben kann ich nicht. Ich muss ... ich muss.«

»Wenn Sie sich sagen hören, dass Sie ›weitergehen‹ müssen, wo oder wohin gehen Sie dann?«

»Es kommt mir so vor, als sei das ein Kind, das eine Treppe hinaufgeht. Es muss immer weitergehen, obwohl es nicht mehr kann – und wohl auch gar nicht will.«

»Wie alt ist das Kind?«

»Ich weiß nicht, ich schätze sechs oder eher sieben Jahre alt.«

Als ich ihn fragte, wie es ihm in diesem Alter ergangen sei, fiel ihm sofort ein, dass seine Familie damals im zweiten Stock gewohnt hatte und er oft die Treppen hinaufgehen musste. Er erinnerte sich auch an sein erstes Schuljahr: »Ich fand die Schule schrecklich, aber zu Hause war es auch schrecklich. Da war niemand, auch wenn jemand da war. Es war egal, wann ich von der Schule kam oder ob überhaupt ... Ich musste etwas essen, darum hat man sich irgendwie gekümmert, und dann die Hausaufgaben machen. Das war es. Niemand hat gefragt, wie es mir geht und wie es in der Schule war. Das war doof.«

Er berichtete außerdem, dass er oft auf der Treppe stehen geblieben war und eigentlich nicht nach Hause wollte. Er wusste aber auch nicht, wohin er sonst hätte gehen sollen. Also ging er weiter und weiter – ging jeden Tag in die Atmosphäre der Leere und der Missachtung.

Im weiteren Verlauf beschäftigten wir uns mit weiteren Erfahrungen dieser Art in seinem Leben. Er hatte große Kraft und konnte viel erreichen, aber es kostete ihn immense Anstrengung. Immer ging es weiter und immer war ein »Muss« dabei. Und irgendwann wurde er so müde, dass nichts mehr ging. Dieser Zeitpunkt war jetzt. Er hatte immer gegen die Resignation angekämpft, doch nun war der Blick nach vorne erloschen. Die Hoffnungslosigkeit umhüllte ihn, und er tat in dieser Situation das einzig Richtige: Er suchte Hilfe.

Menschen mit ähnlichen Erfahrungen bin ich oft begegnet. Die Leere führt dazu, sich anzustrengen, damit es anders wird oder zumindest, dass sie diese Situation überstehen und überleben. Oft haben sie Impulse, etwas zu verändern, »woandershin zu gehen«. Manche Kinder laufen weg, auch Jugendliche. Erwachsene träumen davon, plötzlich in eine andere Stadt zu ziehen und alles hinter sich zu lassen oder ins Ausland zu gehen. Doch all dies bleibt vage und unbestimmt. Die Fragen danach, woraus sie schöpfen, um neue Kraft zu erhalten, können sie nicht (mehr) beantworten. Vorstellungen dazu sind in den meisten dieser Menschen schon lange erstorben. Aus einem leeren Brunnen kann man kein Wasser schöpfen – aber sie versuchen es weiterhin.

Bei einigen ist die Vorstellung von einem anderen Leben ganz erloschen. Die Müdigkeit und Erschöpfung, die Resignation und Hoffnungslosigkeit hat sich bei ihnen zu einem Grundgefühl der Sinnlosigkeit weiterentwickelt. Eine Klientin meinte: »Alles ist sinnlos. Ich weiß nicht, was das alles soll, auch die Therapie hier. Das bringt doch nichts. Das macht keinen Sinn.«

In meiner Resonanz spürte ich, dass ich ein wenig genervt war, weil dieses Thema mir gegenüber schon mehrmals benannt worden war und ich diese Sätze schon einige Male von ihr gehört hatte. Doch vor allem wurde ich traurig, wusste aber nicht recht, warum. Und doch war dieses Gefühl der Traurigkeit deutlich in meiner Resonanz spürbar. Ich nahm es ernst als Hinweis darauf, welches Gefühl hinter der erlebten Sinnlosigkeit lauern könnte.

Ich bat die Klientin, einen Ort für ihr Gefühl der Sinnlosigkeit zu suchen und sich im Raum in die Nähe dieses Ortes zu stellen. Sie tat dies, jedoch eher, um mir zu gefallen als aus der Überzeugung, dass sich dadurch etwas verändern würde. Schließlich entschied sie sich für einen Ort, eher resigniert als überzeugt wirkend, und stellte sich dort hin.

»In welche Richtung wollen Sie schauen? Wo geht Ihr Blick, Ihre Orientierung hin?«, fragte ich sie da.

Sie schaute nach vorn, dann halb nach rechts, halb nach links – jeweils in Richtung der beiden Fenster. Doch ihr entströmten dabei ganz viele Aber-Sätze: »Aber das passt nicht« oder: »Aber so stimmt es auch nicht.«

Dann fragte ich sie: »Was befindet sich denn hinter Ihnen?«

Sie antwortete in einem Tonfall, als müsse das doch klar sein: »Na, da ist nichts. Da ist der Abgrund. Und ganz unten ist alles dunkel, ganz dunkel.« Offenbar war sie selbst überrascht von dieser spontanen Antwort, die uns beide erschütterte.

Diese Frau war als Mädchen immer, wenn sie »nicht artig genug« gewesen war, in den Keller gesperrt worden. Der Keller war dunkel. Sie konnte dort nichts erkennen außer schattenhaften Gestalten und Formen. Als sie sich daran erinnerte und die Situation im Keller in ihr wieder lebendig wurde, erstarrte sie. Sie bemühte sich darum, weiter zu atmen, und ich unterstützte sie dabei. Da geschah eine Veränderung. Sie zuckte leicht, kaum wahrnehmbar.

Um sie zu unterstützen, sagte ich zu ihr: »Ich glaube, Sie fühlen sich jetzt so, wie sich das kleine Mädchen im Keller gefühlt hat. Sie sind starr vor Schreck und aus Angst vor lauernden Gefahren. Doch ich versichere Ihnen, dass ich bei Ihnen bin. Sie können sich darauf verlassen: Sie sind jetzt nicht allein! Ich passe auf Sie auf. Ich passe auf, dass Ihnen nichts passiert. Ich hole Sie aus dem Keller heraus. Ich reiche Ihnen jetzt meine Hand.«

Nun strömte ein Schluchzen aus ihr heraus. Der Schmerz und die Traurigkeit, die sie als Kind nicht zu zeigen gewagt hatte oder die niemand beachtet hatte, brachen aus ihr heraus. Ich konnte sie trösten und halten und ging mit ihr nach einiger Zeit zum Fenster, zum Hellen. Kurz brach da auch die Wut hervor: »Wie kann man einem kleinen Mädchen so etwas antun?!« Doch diese Wut trat schnell wieder in den Hintergrund. Es war zu früh. Sie brauchte zunächst Zeit und Unterstützung, um ihren Weg aus der leeren Dunkelheit und der dunklen Leere zu finden und zu festigen.

Wenn Menschen sich in einer leeren Umgebung erleben, verlieren manche die Fähigkeit, nach vorne zu blicken, nicht nur im dunklen Keller, auch in hellen Atmosphären, die aber leer sind und leere Begegnungen mit Menschen enthalten. Es gibt dann unter anderem diejenigen, die sich aus solchen Erfahrungen heraus zwingen, in Aktion zu gehen, Leistung zu erbringen, oder bitter und zynisch werden. Doch andere verlieren den Weg, die Orientierung nach vorne. Sie verlieren ihren Sinn.

Das Wort »Sinn« kommt von dem mittelhochdeutschen *sin* und bedeutet »Richtung«. Wem der Sinn abhandenkommt, wer die Richtung seiner Lebendigkeit nicht mehr kennt, hat diese vielleicht schon vor langer Zeit verloren. Wenn der Blick und die Orientierung nach vorne nicht mehr möglich sind, ist es gut, die Richtung zu wechseln, zumindest die Blickrichtung. »Zukunft braucht Herkunft«, wie der Philosoph Odo Marquard sagte.[8] Sich mit der Herkunft der Resignation und des Gefühls der Sinnlosigkeit zu beschäftigen, schafft dann oft die Voraussetzung dafür, dass sich eine neue Sinnhaftigkeit entwickeln und eine neue Richtung eingeschlagen werden kann. Dazu braucht es unterstützende Begleitung. In welche Richtung sich der Sinn des Lebens für jemanden entwickelt, ist dabei unerheblich. Sinn muss nicht immer

8 Marquard, Odo: *Zukunft braucht Herkunft.*

»groß« sein. Ich bin ein Fan des »kleinen Sinns«, zum Beispiel wenn wir in den Augenblick einer zwischenmenschlichen Begegnung vertrauen, nach einer anderen Hand greifen, ein Kind umarmen.

11 Die Heimat in der Ferne suchen

Der Leere kann man nicht vertrauen. In der Leere entsteht keine Vertrautheit, allenfalls die Vertrautheit, übersehen und zurückgewiesen zu werden. Wir Menschen brauchen Vertrautheit, brauchen Heimat, also einen Ort, eine Gegend, ein Grundgefühl, an dem wir ganz selbstverständlich erkennen, woran wir sind und wem wir vertrauen können.

Wird das Heimatliche in der Leere nicht gefunden, nicht erlebt oder gar nicht oder nicht einmal in Ansätzen erfahren, so bleibt doch die Sehnsucht nach Heimat, nach Vertrautheit und Selbstverständlichkeit. Diese Sehnsucht ist diffus und richtet sich bei vielen Menschen in die Ferne. »Neuseeland. Da will ich leben. Da ist alles anders. Das ist das Land meiner Träume, da geht es mir besser«, schwärmte eine Klientin.

Die Sehnsucht nach dem Paradies, aus dem man nicht vertrieben wurde, sondern das man durch Leere-Erfahrungen nicht einmal verloren hat und von dem es nur eine Ahnung gibt, ist sehr alt. Viele verbinden mit der Ferne, mit Naturvölkern, mit bestimmten Orten und vielem anderen eine Sehnsucht, die sehr stark ist und sich oft nicht erfüllt.

Der große Maler Paul Gauguin war so ein Mensch, der in und mit Leere aufgewachsen ist und daran verzweifelte. Er war als Kind mit seiner Familie nach Panama ausgewandert und kehrte dann nach dem Tod seines Vaters wieder nach Frankreich zurück. Er blieb heimatlos, ruhelos, unstet und sehnte sich danach, eine Heimat und Geborgenheit zu finden. Seine Sehnsucht richtete sich auf die Südsee, von deren Inseln damals viel Wundersames in Frankreich erzählt wurde. Also machte er sich auf die Reise. Doch als er dort ankam, war die Kultur der Südseeinseln keineswegs so, wie er es sich vorgestellt hatte und wie es in Frankreich berichtet worden war. Die Kultur war durch Missionare und die Folgen der Kolonialherrschaft zerstört und zerfallen. Doch er malte die Kultur auf Tahiti und anderen Inseln so, wie er sie sich vorstellte, nicht wie sie war. Seine Sehnsucht war stärker als die Realität.

Auch viele Vorstellungen über Afrika, zum Beispiel, dass dort Dorfgemeinschaften gemeinsam ein Kind erziehen, haben mehr mit dem Musical »König der Löwen« zu tun als mit der afrikanischen Realität. Auch hierin äußert sich die Sehnsucht nach Heimat und nach Geborgenheit.

Nun steht es weder mir noch irgendeinem anderen Therapeuten oder irgendeiner Therapeutin oder irgendwelchen »Besserwissern« zu, diese Menschen mit Häme zu überziehen oder zu versuchen, deren Sehnsüchte zu »korrigieren«. Sehnsüchte bergen große Kraft zur Veränderung. Manche davon lassen sich erfüllen, andere nicht. Für viele Menschen sind sie wichtig, überlebenswichtig. Doch wenn sich hinter dieser Sehnsucht die Not der Leere verbirgt, ist es wichtig, dies zu erkennen. Sonst nimmt man die Not mit, auch nach Neuseeland oder Tahiti.

In der Leere gibt es keine Geborgenheit. Sie schützt nicht und sie gibt keinen Halt. In ihr kann man sich nicht festhalten. Die Sehnsucht, die daraus entspringt, beruht nicht auf Erfahrungen, sondern wurzelt in deren Fehlen, in Leere. Doch Sehnsucht nach Geborgenheit und Halt ist uns Menschen eigen. Sie existiert oder entsteht immer wieder neu. Wer keine Erfahrung damit hat, sich an jemandem festhalten zu können, aber die Sehnsucht danach verspürt, dessen Sehnsucht kann nur unbestimmt in der Richtung sein und wird zum erträumten Paradies.

Manchmal liegt die Ferne als Ort der Sehnsucht auch in der Vergangenheit oder in der Zukunft. Dass früher alles besser war, ist ja ein bekannter und häufig zu hörender Spruch, der Vergangenes verklärt. Doch so wie Gauguin sich das Paradies in der Südsee erträumte, unterstellen manche Menschen mit Leere-Erfahrungen bestimmten früheren Zeitepochen paradiesische Qualitäten. Andere wenden sich Utopien zu und richten ihre Sehnsucht auf Zeiten, in denen »alles anders wird«.

Die Sehnsucht nach Geborgenheit und Heimat entspringt dem Grundbedürfnis nach Zugehörigkeit. Wir brauchen andere Menschen und Gemeinschaften, die mit uns verbunden sind und in denen wir uns ganz selbstverständlich zugehörig fühlen. Nichts anderes ist Heimat. Doch in der Leere existiert keine Heimat. Man kann darin nicht heimisch werden. Wenn wir Leere zwischen uns und anderen Menschen zum Beispiel in der Herkunftsfamilie erfahren haben, sehnen wir uns, wenn wir nicht völlig resigniert haben, erst recht nach Zugehörigkeiten, nach anderen Gemeinschaften oder einzelnen Menschen, zu denen wir »gehören«. Manchmal sind dies Sportvereine, eine Gamer-Szene oder die Follower*innen einer bestimmten Influencerin, oft auch religiöse Gemeinschaften oder politische Gruppierungen. Manche dieser Gruppierungen meinen, Feindbilder für ihr Wirgefühl zu benötigen, und propagieren »Wir gegen die anderen!«.

Eine Klientin war viele Jahre lang treuer Fan des HSV und leidensfähig geblieben während des jahrelangen Niedergangs und schließlich beim Abstieg aus der Ersten Fußball-Bundesliga. Auch als sie sich mit ihren Leere-Erfahrungen auseinandersetzen konnte und der Druck sich in ihrer Radikalität als Hardcore-Fan verringerte, blieb sie Fan ihres Lieblingsvereins. Doch musste sie damit nicht mehr auf irgendeine Weise die Leere füllen und ihre Sehnsucht kompensieren, sondern konnte sich nun fragen: »Was will ich wirklich? Was sind meine Werte? Was sind meine Neigungen? In welche Richtung schlägt mein Kompass aus? Was bereichert mein Leben?« Sie fand – für sie selbst überraschend – Antworten auf diese Fragen in der Kunst. Sie besuchte Ausstellungen und begann, angeregt durch eigene Erfahrungen in der Kreativen Therapie, zu malen. Darüber schloss sie sich nach und nach mit anderen zusammen. Sie begegnete neuen Menschen und neuen Gruppierungen, die ihrer Sehnsucht nach Geborgenheit und Zugehörigkeit entgegenkamen. So entstand eine potenzielle neue Heimat, eine Wahlheimat, eine Zugehörigkeit – nicht aus erzwungener Not, sondern aufgrund ihrer Wahl.

12 Die Beziehungskälte und die innere Kälte

Kälte ist objektiv messbar und beschreibt in der Regel einen physikalischen Zustand. Doch Kälte bezeichnet auch ein leibliches Empfinden, von dem viele Menschen berichten, die langfristige Leere-Erfahrungen erleiden mussten.

Eine Klientin erzählte: »Mir wird oft kalt. Eigentlich ist das seltsam, denn Schnee mag ich. Mit Schnee verbinde ich meine schönsten Kindheitserinnerungen, eigentlich die einzigen schönen. Aber da waren wir warm angezogen und sind stundenlang auf den Rodelhügel und wieder runter und wieder rauf und wieder runter, stundenlang. Da war uns nicht kalt, allein schon aufgrund der Bewegung. Aber jetzt ist mir oft kalt. Manchmal kriecht mir die Kälte von außen in die Knochen. Manchmal ist mir kalt, obwohl es draußen relativ warm ist. Ich friere dann von innen.«

Wir unterhielten uns über diese und andere Kindheitserinnerungen. Ich fragte sie nach Erfahrungen von Kälte in Atmosphären oder Beziehungen, nachdem wir uns über die beiden Bedeutungen von Kälte als objektivem Temperaturmesser und als Befinden ausgetauscht hatten. Dazu sagte sie: »Meine Mutter war kalt. Manchmal blitzte ein klein wenig warmherziges Gefühl auf, aber das vor allem als Selbstmitleid. Ich glaube, dann wollte sie, dass andere sich um sie sorgen und kümmern. Ich habe viele Erinnerungen daran, bei denen sie kalt war. Man sagt ja auch ›kaltherzig‹, früher sagte man ›kalt wie eine Hundeschnauze‹. Ja, so war sie. Wenn ich daran denke, fröstelt es mich.«

Dieser Frau gelang es trotz vieler Bemühungen nicht, eine Beziehung zu ihrer Mutter zu knüpfen, die von Wärme erfüllt war. Die vermutliche Leere in der Mutter, die sich in deren Kälte gegenüber ihrer

Tochter äußerte, wurde zur Leere zwischen ihr und der Tochter, zu einer Beziehungsleere. Und dies hatte wiederum Folgen für das Kälteempfinden der Klientin. Als sie die Zusammenhänge verstand, konnte sie beginnen, um die fehlende Wärme in der Beziehung zu ihrer Mutter zu trauern. Vieles andere kam hinzu. Es war, als hätte sich eine Schleuse geöffnet. Schließlich sagte sie einmal: »Auch bei meinem früheren Mann war das so. Er war auch kalt. Irgendwie hat er mich gerngehabt und ich ihn auch, aber da war so viel Kälte.« Und ihr fielen noch andere Erfahrungen ein, bei denen die Kälte nicht nur in ihr war, sondern auch zwischen ihr und anderen Menschen.

So wie bei dieser Frau bin ich oft dem Kälte-Erleben begegnet, wenn ich mich gemeinsam mit Klient*innen mit deren Leere-Erfahrungen beschäftigte. Viele spürten den Nachhall der Leere als Kälte, als Frösteln. Manchmal verbarg sich die Leere in der Begegnung mit anderen Menschen unter einer scheinbaren Wärme. Doch meistens beschrieben sie, dass sie Beziehungen der Leere als »kalt« erlebt hatten. Die Kälte im Beziehungserleben und die physikalische Kälte vermischen und verstärken sich.

Ich fragte die Klientin noch: »Wer fällt Ihnen ein, wenn Sie an Wärme denken?«

»Oh«, antwortete sie spontan und schnell, »mein jetziger Mann ist natürlich sehr warmherzig und meine beiden Kinder. Alle drei! Dann gibt es auch noch viele Freunde und auch Freundinnen in unterschiedlichen Abstufungen, wo es warm ist, wo ich Wärme empfinde. Ich habe die Kalten gegen die Warmen getauscht im Laufe meines Lebens, und da bin ich jetzt gerade sehr stolz drauf.«

13 Leere als Machtausübung und Abhängigkeit

Ein Kind konnte nicht schlafen. Es war unruhig, ja angstvoll, weil es die Aufgabe eines Lehrers nicht erfüllt hatte. Ich erfuhr von den Eltern, dass die gesamte Klasse vor diesem Lehrer nicht nur Respekt hatte, sondern große Angst. Die Kinder bemühten sich, alles »richtig« zu machen, »perfekt« zu sein. Ich traf diesen Lehrer dann später bei einer anderen Gelegenheit und war erschrocken. Er schaute uns, die anderen Menschen, mit leeren Augen an, beantwortete Fragen nicht und reagierte auch sonst nicht auf unsere Äußerungen, er ließ alle ins Leere gehen. Damit übte er eine derart große Macht aus, dass nicht nur die Kinder Angst bekamen. Auch Kolleg*innen erzählten, dass sich niemand an diesen Lehrer »herantraue«, offensichtlich auch die Schulleitung nicht, und er im Unterricht machen dürfe, was er wolle, egal was im Lehrplan stand oder kollegial vereinbart war.

Andere Menschen ins Leere gehen zu lassen, ist eine Form der Machtausübung. Ich selbst kenne Situationen, in denen ich von einer anderen Person etwas benötige, vielleicht eine Antwort, ein Ja oder ein Nein oder »Jetzt nicht, aber später«, eine Hilfe oder eine andere Reaktion. Doch die andere Person antwortet nicht, lässt mich ins Leere gehen. In der Folge bemühe ich mich immer mehr, zeige Verständnis und suche nach Erklärungen oder werde ärgerlich – nichts passiert, keine Reaktion. Ich fühle mich immer ohnmächtiger. Wenn sich Menschen – so wie ich in dieser Situation – ohnmächtig und hilflos fühlen, strengen sie sich meistens noch mehr an, um aus diesem fast unaushaltbaren Gefühl herauszukommen. Doch die Macht derjenigen, die uns ins Leere laufen lassen, ist stärker.

Wir Menschen sind spürende, fühlende Wesen, keine Steine oder

Holzfiguren. Wir brauchen Nähe, sind angewiesen auf Dialog, Austausch, Kommunikation. Wenn wir in unseren Bemühungen ins Leere laufen, geraten wir in Not, ja manchmal auch in Verzweiflung. Oft denken wir dann, wir machten etwas falsch, genügten nicht, seien wertlos. Die Macht derjenigen, die uns in diese Falle der Leere laufen lassen, ist groß. Wir sollten sie getrost als Täter*innen bezeichnen, die ihren Opfern eine Form der Gewalt antun. Dass diese Täter*innen ebenfalls Opfer von Leere-Erfahrungen sein können, kann unterstellt werden. Doch ihr Verhalten ist nicht zu akzeptieren. Ich bin parteilich für die Menschen, die unter der Leere-Macht leiden und dabei in ihrem Selbstwertgefühl oft massiv beeinträchtigt werden. Für sie betone ich diesen Zusammenhang, denn Leere-Erfahrungen werden selten mit Machtausübung in Verbindung gebracht – umso wichtiger ist es, diese Verknüpfung zu erkennen.

Diese Verknüpfung könnte auch den Blick auf das Leiden von Mobbingopfern erweitern. Meist wissen diese Opfer in der aktuellen Situation, was ihnen an Verletzungen angetan wird, und spüren auch in späteren Jahren die Schmerzen ihrer Wunden. Doch oft sind sie sich nicht bewusst, wie sehr sie im Kampf gegen das Mobbing ins Leere gegangen sind. Sie sind meist ins Leere gegangen, wenn sie Unterstützung suchten. Und sie gingen ins Leere, wenn sie diejenigen, von denen sie gemobbt wurden, »gnädig« stimmen wollten. Wenn sie das Monster der Leere erkennen, haben sie die Chance, sich nicht immer weiter sinnlos zu verausgaben und sich verzweifelt anzustrengen, um doch »gerecht« behandelt zu werden und »richtig« zu sein. Häufig wird diesen Mobbingopfern von anderen wie auch von mir empfohlen, doch die Institution, die Schule, den Arbeitsplatz zu wechseln, wo sie unter dem Mobbing zu leiden haben. Doch die meisten wollen das nicht, sie wollen durchhalten und »es schaffen«. Die Leere-Erfahrung macht abhängig, sich noch mehr anzustrengen, und unfähig, einen Schritt beiseitezutreten.

In der supervisorischen Begleitung von Menschen, die noch viele Jahre später unter ihren Mobbingerfahrungen litten, habe ich gelernt: Leere erniedrigt. Leere macht abhängig.

14 Resonanz-Leere: Wenn es kein Echo gibt

Eine Frau beklagte sich: »Wenn ich mit meinem Mann rede, antwortet er, aber ich spüre ihn nicht. Es kommt nichts wirklich zurück. Als ich ihm kürzlich erzählte, dass es mir gesundheitlich richtig schlecht gehe, kamen von ihm nur Tipps gegen die Schmerzen und zur Vorbeugung, aber kein ›Es tut mir leid‹ oder sonst eine Äußerung von Mitgefühl, auch nicht im Gesichtsausdruck oder in der Stimme. Da schwingt nichts, da kommt nichts rüber.«

Wir Menschen brauchen Resonanz. Das Wort »Resonanz« stammt aus dem Lateinischen. *Sonare* bedeutet »klingen, schwingen«. *Re* meint »hin und zurück«. Ist in einer Verbindung Resonanz vorhanden, dann schwingt zwischen Menschen etwas hin und her. Kommunikation ist nicht nur der sachliche Austausch von Informationen, sondern eben auch dieses Hin- und Herschwingen von Worten, von Gefühlen, Blicken, dem Klang der Stimme, dem Gesichts- und Körperausdruck und anderem mehr. In der Leibphilosophie und Kreativen Leibtherapie nennen wir das »Zwischenleiblichkeit«. Damit ist der gemeinsame Raum des Erlebens, der Stimmungen zweier Menschen gemeint.

Manchmal gelingt dieser Raum nicht, ist blockiert, wie bei der erwähnten Frau und ihrem Partner. Dieser ist offenbar nicht fähig, sein Mitgefühl und anderes, was mitschwingt, zu äußern, weder in Worten noch in Gesten oder anderen Aspekten des Austauschs. Das gibt es bei Männern wie bei Frauen. Die Gründe, warum das sich bei ihm so entwickelt hat, sind mir nicht bekannt. Ich weiß von anderen Personen, dass Resonanzunfähigkeit oder mangelndes Ausdrucksvermögen der Resonanz unterschiedliche Quellen haben kann: Gewalterfahrungen, Beschämungen, resonanzblockierte familiäre Atmosphären und vor allem eigene Leere-Erfahrungen.[9] Doch wie auch immer: Diese Frau beklagte, dass sie bei ihrem Mann ins Leere geht, in emotionale Leere. Sie empfand sein Verhalten als einseitig und meinte außerdem: »Ich weiß ja, dass es ihm etwas ausmacht, wenn es mir schlecht geht, und dass er sich Sorgen macht und mich unterstützen will. Aber er ist dabei so unbeholfen, und es blitzt manchmal auf, aber es kommt bei mir nichts an. Ich öffne mich und gehe ins Leere oder laufe vor eine Wand. Das halte ich kaum aus, nicht mehr lange …«

Wahrscheinlich verbindet diese Frau mit ihrem Mann eine unbewusste Resonanz. Wir unterscheiden zwischen zwei Resonanzebenen.[10] Auf der bewussten Kommunikationsebene, der »Ping-Pong-Resonanz«, verschwindet ihr »Ping« in der Leere, wie beim Tischtennisspiel ein Ball auf der anderen Seite unter dem Tisch im Irgendwo und Nirgendwo verschwindet, wenn kein Gegenüber da ist, der ihn retourniert. Die zweite Ebene, die »Synchron-Resonanz«, ist meist unbewusst. In ihr schwingen ähnliche Erfahrungen, die beide Menschen gemacht haben, synchron. Bei dieser Frau und ihrem Mann waren das intensive Leere-Erfahrungen, die beide in ihren jungen Jahren machen mussten. Die Frau hat darauf so reagiert, dass sie immer verzweifelter um Resonanz kämpfte. Die Reaktion des Mannes war, dass er immer verzweifelter eine Mauer aufbaute, um sich zu schützen. Ihre Reaktionen waren also verschieden, die zugrunde liegende Erfahrung aber die gleiche. Sie schwang bei beiden und verband sie.

Oft bleibt es dabei und die Beziehungen scheitern, werden beendet oder als jahrelanger Kleinkrieg fortgeführt. Als diese Frau die zunächst vermutete Synchron-Resonanz und die Unterscheidung der beiden Resonanzebenen in der Therapie kennenlernte, war das der Anfang davon, dass sie aus dem aufreibenden Kampf um ein emotionales Echo ihres Partners einen Schritt beiseitetreten konnte. Sie erzählte ihrem Mann von ihren Leere-Erfahrungen und fragte ihn nach seinen. Er ließ sich darauf ein, und so entstand ein Raum der Begegnung mit den Leere-Erfahrungen und all den lebendigen Schwingungen, die ihr gemeinsames Leben ausmachten. Die Geschichte der Resonanz-Leere dieser Frau fand ein gutes Ende, weil ihr Mann sich von ihr bewegen ließ.

---

9 Mit einigen dieser Quellen werde ich mich im nächsten Teil dieses Buches beschäftigen.
10 Baer, Udo: *Kreative Leibtherapie.*

15 Sich fremd sein und sich verlieren

Meine Frau und ich sind in unserer therapeutischen Arbeit oft Menschen begegnet, die von sich sagen, dass sie »neben sich stehen« oder »sich fremd sind«, »eigentlich ganz anders sind« oder sich »in verschiedenen Rollen verlieren«. Wir haben aus diesen Beschreibungen zwei Befindlichkeiten herausgearbeitet, die sich als Pole gegenüberstehen und zwischen denen das subjektive Erleben hin- und herpendelt: Auf der einen Seite ist da das »Sich-fremd-Sein«, unter dem viele leiden, auf der anderen Seite das »In-sich-Wohnen«, das einige kennen und nach dem andere sich sehnen.

Um in sich zu wohnen, braucht es eine wohnliche Umgebung. Wer in unwohnlicher Leere aufwächst und immer wieder mit Leere-Erleben konfrontiert ist, wird Schwierigkeiten haben, in sich zu wohnen. Leere schafft kein Zuhause. Und ein Mensch, der in diesem Sinne kein Zuhause hat, wird auch Probleme haben, in sich zu wohnen, in sich zu ruhen. Also wird das Pendel des Erlebens sich eher der Seite der Polarität zuwenden, auf der das Sich-fremd-Sein verortet ist. Wenn sich diese Befindlichkeit dauerhaft einnistet, wirkt das Sich-fremd-Sein oft wie selbstverständlich, *und* diese Menschen sind gleichzeitig immer grundlegend verunsichert und irritiert. Ihnen ist, als stünden sie neben sich, als beobachteten sie sich, als seien sie nicht »ganz« dabei, als seien sie ein anderer, der ihren Namen trägt und ihr Leben lebt.

Eine Frau kam zum Beispiel aufgeregt zu mir. Sie war frisch verliebt. Das war für sie eigentlich kein unbekanntes Gefühl, doch nun »völlig neu, ganz, ganz anders«. Die Wucht der ihr entgegengebrachten Liebe und die Liebesgefühle, die sie in sich spürte, hatten sie, wie sie sagte, »aus den Socken gehauen«.

»Das ist völlig verrückt. Da hab ich mir nichts sehnlicher gewünscht, als einen Menschen zu finden, der mich so liebt, wie ich bin. Ich hab' ihn gefunden – und was mach ich? Ich wehre alles ab. Ich spüre, dass er wirklich mich meint. Aber tief in mir ist das Gefühl, dass das gar nicht sein kann. Denn wer bin ich denn schon? Gestern habe ich mit ihm telefoniert, und da war plötzlich das schreckliche Gefühl, dass er gar nicht mit mir spricht, sondern mit der Frau neben mir. Als ob ich zweimal vorhanden wäre. Furchtbar.«

»Ist das Gefühl geblieben?«, fragte ich sie.

»Nein, nur die Erinnerung daran – und die Aufregung. Das Gefühl war nur kurz.«

»Was hat Ihnen geholfen? Was hat Sie da herausgeholt?«

»Ich habe ihm gesagt, dass ich gerade neben mir stehe und gar nicht glauben kann, dass er mich meint.«

»Und wie hat er reagiert?«

»Ich weiß es nicht mehr. Ich weiß nur noch, dass ich ganz ruhig geworden bin.«

»Und wie geht es Ihnen jetzt?«

»Besser, jetzt ist es raus. Jetzt habe ich es Ihnen erzählt.«

Diese Frau hat etwas getan, was sehr wichtig und richtig ist: Sie hat ihre Not geteilt. Sie hat am Telefon ihrem Gesprächspartner davon erzählt, und sie hat mir davon erzählt. Sie hat mich gefragt: »Bin ich verrückt?« Dies konnte ich mit Sicherheit verneinen, aber ich konnte ihr erklären, dass sich etwas in ihr »verrückt« hatte. Wir hatten vorher herausgearbeitet, dass sie in ihrer Kindheit kaum Liebe erfahren hatte, außer von den Großeltern, die mit den Eltern im Streit lagen und zu denen es nur wenig Kontakt gab. Von ihren Eltern hatte sie nur Lieblosigkeit erfahren. Dort, wo die Erfahrung sein sollte, dass sie geliebt und gewünscht ist, entstand eine Leerstelle. Dieser Teil von ihr blieb ihr fremd und sie sich weitgehend auch, vor allem in ihrem Selbstwertgefühl. Als diese Frau nun in der neuen Liebesbeziehung erfuhr, dass sie geliebt wird, »so, wie sie ist«, musste sich dies neu und verwirrend anfühlen. Da war nun etwas an die Leerstelle gerückt, was dorthin gehörte. Das war der Anfang eines Prozesses, in dem es weiter um die Suche ging: »Wer bin ich, dass ich liebenswert bin?«

Ein Mann haderte mit sich selbst. Er fühlte sich als Versager, obwohl er mir nicht sagen konnte, warum eigentlich: »Ich liebe meine Frau und bin eigentlich glücklich. Auch mit meinen Kindern ist alles gut. Sie sind jetzt fast mit der Schule zu Ende, und aus denen wird etwas. Eigentlich könnte ich froh sein, aber ich bin es nicht.« Er beschrieb sein Leben mit vielen »eigentlich«, und auf jedes »eigentlich« folgte ein »aber«. Er kam sich manchmal wie ein Fremder vor in der Familie. Im Beruf weniger, aber im privaten, nahen Bereich spürte er diese Befindlichkeit sich selbst gegenüber sehr intensiv.

Er erinnerte sich daran, dieses Gefühl der »Eigentlichkeit« und Fremdheit schon aus seiner Herkunftsfamilie zu kennen: »Ich dachte oft, ich bin ein Alien oder so etwas. Ich gehöre auf einen anderen Planeten und komme von dort.«

Für ihn war die erlebte Fremdheit selbstverständlich. Da war viel Leere zwischen den Familienangehörigen gewesen. Es hatten selbstverständliche Beziehungen gefehlt, warmherziger und wahrhaftiger Austausch und das Gefühl der Zugehörigkeit. Im Zusammenleben mit seiner jetzigen Familie bemühten sich er, seine Frau und seine Kinder darum, anders zusammenzuleben, als er es kannte. Das gelang immer häufiger – doch manchmal holte ihn die Fremdheit wieder ein: »Und dann kommt die Traurigkeit. Und ich bin wieder so traurig, dass ich mich wie ein Alien fühlen musste.«

Im weiteren Verlauf ließ er seiner Traurigkeit Raum und konnte empfinden: »Ich gehöre auf diesen Planeten, in diese Welt meiner Frau und meiner Kinder. Auch wenn ich manchmal ins Universum verschwinde: Ich gehöre hierhin!«

In der Literatur finden sich zahlreiche Beschreibungen davon, wie Menschen sich fremd fühlen und darunter leiden. Nicht nur bei Franz Kafka. Auch Sylvia Plath beschreibt in ihrem Roman eine junge Frau, die in New York erfolgreich ist. Aber sie blieb sich fremd: »Sieh einer an, was in diesem Land alles passieren kann, sagten sie. Da lebt ein Mädchen neunzehn Jahre lang in irgendeinem abgelegenen Städtchen und ist so arm, dass sie sich nicht mal eine Illustrierte leisten kann, dann bekommt sie ein Stipendium fürs College, gewinnt hier einen Preis und da einen Preis und am Ende hat sie New York im Griff wie das Lenkrad ihres eigenen Wagens. Die Sache war nur die, dass ich gar nichts im

Griff hatte, nicht einmal mich selbst. Wie ein tauber Trolleybus holperte ich vom Hotel zur Arbeit oder zu irgendwelchen Partys und von den Partys wieder zum Hotel oder zur Arbeit. Ich hätte vermutlich begeistert sein sollen, wie die meisten anderen Mädchen, aber es gelang mir nicht. Ich war ganz still und leer, so wie sich das Auge eines Wirbelsturms vorkommen muss, das inmitten von Trubel und Getöse träge seines Weges zieht.«[11]

Was hilft Menschen, die in ihrer Kindheit und Jugend massive Leere-Erfahrungen machen mussten, auf ihrem Weg zum In-sich-Wohnen? Wie schon angedeutet: Diese Menschen brauchen neue Erfahrungen der Begegnung. Dazu ist es notwendig, zu teilen, was sie empfinden, sich mitzuteilen. Und noch eine Ergänzung ist wesentlich: Es ist der Weg, den Sinn für das Eigene, für den Eigen-Sinn zu entwickeln. Wer von Leere umgeben ist, bekommt für seinen Eigensinn[12] keine Nahrung, keine Spiegelungen und auch keine Reibung, die respektvoll und würdigend ist. All dies brauchen Menschen aber, um in sich zu wohnen. Wer den auch mühevollen Weg zum Erlernen des Eigensinns riskiert, der wird nach und nach mehr in sich wohnen können und Selbstvertrauen und Vertrauenswürdigkeit gewinnen. Damit wächst die Wahrscheinlichkeit, selbstverständlicher wirkungsvolle Beziehungen mit anderen eingehen zu können. Und umgekehrt gilt: Der Weg, um in sich zu ruhen, braucht neue Erfahrungen (statt der Leere) mit Menschen, denen man vertrauen und auf die man sich verlassen kann.

---

11 Plath, Sylvia: *Die Glasglocke*, S. 12.
12 Baer, Udo & Frick-Baer, Gabriele: *Das große Buch der Gefühle.*

16 Hilflose Aggressivität, die der Leere entspringt

Ein Klient klagte darüber, dass er oft unter massiven Wutanfällen leide. Er erzählte: »Manchmal kenne ich mich gar nicht mehr. Zumindest mag ich mich nicht so. Ich bin dann so was von zornig und weiß nicht, wohin mit meiner Wut. Ich kriege mich gar nicht mehr ein. Letztens brauchte ich etwas von einem Kollegen. Der hatte mir zugesagt, das zu erledigen. Wir hatten vereinbart, dass er sich meldet, wenn er fertig ist. Aber das hat er nicht gemacht. Als ich dann nachfragte, hatte er es vergessen und schob irgendeine Ausrede vor. Ich blieb dann ihm gegenüber kollegial und freundlich. Innerlich aber bin ich an die Decke gegangen und konnte zwei bis drei Stunden gar nicht weiterarbeiten, weil ich so aufgewühlt und aufgeregt war.«

Wir unterhielten uns zunächst darüber, was er machen könne, wenn er sich so aufgewühlt und aufgeregt fühlt. Ihm fiel ein, dass es ihm dann guttut, ein wenig auf und ab zu gehen, einen Spaziergang um den Block zu machen oder irgendeine andere körperliche Betätigung zu unternehmen, die seine Erregung mindert. Doch am wichtigsten war, dass wir versuchten, dem auf die Spur zu kommen, was seine Zorn- und Wutausbrüche hervorrief und nährte. Es wurde deutlich, dass er sich zu Recht über den Kollegen ärgerte, es aber darüber hinaus einen Bedeutungsüberhang gab, der das Ausmaß seines Ärgers und seiner aggressiven Gefühle bestimmte. Dieser Bedeutungsüberhang bestand darin, dass er in der Situation mit dem Kollegen wieder einmal ins Leere gegangen war. Er erklärte: »Wenn er mir gesagt hätte, dass das, was wir vereinbart hatten, nicht zu schaffen war oder ihm etwas anderes dazwischengekommen sei, dann wäre das okay gewesen. Dann hätte ich das zwar nicht für gut befunden, aber wir hätten eine Lösung gefunden. Mir das jedoch gar nicht zu erzählen und mich einfach sitzen zu lassen, das ist für mich unfassbar, das geht nicht!«

Dieser Mann hatte in seinem Leben anhaltend und über lange Zeit Leere-Erfahrungen machen müssen. Diese riefen immer wieder eine Wut hervor wie auch in dieser Situation. Es half ihm, zwischen dem konkreten Zorn, der sich auf ein bestimmtes Handeln richtet, und der Leere-Wut zu unterscheiden. Die Leere-Wut ist ohne Maß, und sie führt zu einer maßlosen Aggressivität, weil sie sich auch aus Hilflosigkeit speist. In vielen Kindern und Jugendlichen, die maßlos aggressiv sind, wird diese Aggressivität von einer Leere-Wut gespeist. Ihnen fehlt ein Gegenüber, ein Mensch, der sich ihnen aufrichtig stellt. Sie haben Leere-Erfahrungen gemacht und waren hilflos. Dies entlädt sich nun in aggressiven Äußerungen und Handlungen. Dazu kommen oft Gewalterfahrungen. Doch diese sind meistens nicht die einzige Quelle, sondern es ist meist die Kombination von Gewalterfahrungen und Leere-Erfahrungen, die sie »aus der Haut fahren« lässt.

17 Versuche der Selbstrettung

Wenn Menschen an Leere-Erfahrungen und deren Folgen leiden, versuchen sie meist unbewusst und aus innerer Not, dagegen anzukämpfen, um das, was sie erleben, durchzuhalten. Die Widerstandskraft der meisten Menschen ist groß, bewundernswert groß. Aber wie leistet man Widerstand gegen ein Phantom? Gegen das Phantom der Leere, das nicht zu fassen ist? Viele der Versuche, sich zu retten, müssen deshalb misslingen oder zeigen widersprüchliche Ergebnisse. Sie sind einer genaueren Betrachtung wert.

Ins Leere zu gehen, schmerzt. Schon Säuglinge, die von der Mutter nicht gesehen, gehört und berührt wurden oder werden konnten, weil diese zum Beispiel an einer Depression litt oder tablettenabhängig war, wenden sich von der Mutter ab. Sie tun so, als sei die Mutter nicht da, wenn diese doch auf sie zukommt oder sie anspricht, weil sie den Schmerz der Enttäuschung nicht mehr erleiden wollen. Diese Reaktion zeigen auch ältere Kinder und Erwachsene. Sie ziehen sich zurück, was letztlich in eine Depression münden kann. Kinder und Jugendliche schwänzen die Schule, flüchten in Fantasiewelten oder schaffen sich im Spiel neue Welten. Ein Junge, der von seinem Vater im Stich gelassen wurde, versank in seinen Playstation-Spielen. Er spielte nicht nur, sondern lebte, dachte, fühlte im Spiel. In der Psychiatrie würde man dies als Wahn bezeichnen. Er machte sich damit sein Gefühl der Verlorenheit und des Verlassenseins erträglich. Die Spiele an seiner Konsole wurden aber auch zu einem Weg, der ihm half: Er spielte gemeinsam mit anderen, hatte darüber Kontakte und fand aus seiner Rückzugs-Einsamkeit heraus.

Vor allem Kinder sind oft Meister im Spielen zur Selbstrettung. Ein Mädchen wollte in der Therapie Verstecken spielen. Jedes Mal. Es kam ihm nicht darauf an, dass ich sein Versteck entdeckte und es fand, sondern dass ich es suchte. Dieses zwanghaft wirkende Verhalten war sein Rettungsspiel. Es war lange Zeit übersehen und überhört worden, es war »nicht da« gewesen, wie es später erzählte. Jetzt wollte es gesucht werden ... immer wieder.

Ein anderes Kind malte gern. Es malte aber jedes Mal das gleiche Bild: Ein Meer war zu sehen, ein Schiff, das von einer Insel abfuhr und unterging. Das Meer war nicht stürmisch, sondern ruhig. Als ich den Jungen fragte, was er denn male, zuckte er nur mit den Schultern und sagte: »Weiß nicht.« Dabei blieb es. Er wollte malen, bei jedem Treffen, und jedes Mal schuf er das gleiche Bild. Es hatte offensichtlich eine große Bedeutung für ihn.

Ich versuchte, mit ihm über das Bild ins Gespräch zu kommen, und einmal fragte ich ihn: »Wer ist denn auf dem Schiff?«

Seine Antwort: »Kinder.«

»Und wer lebt auf der Insel?«

»Die Erwachsenen. Die müssen immer arbeiten.« Dabei entstand eine Atmosphäre der Einsamkeit und des Verlorenseins.

Wir erzählten uns nach und nach gegenseitig die Geschichte seines Bildes malend weiter. Ich malte auf ein eigenes Blatt auch ein Schiff, was er aus den Augenwinkeln beobachtete, und er fügte kleine, anfangs winzige Veränderungen in sein Bild ein, zum Beispiel einige Fische im Meer, Wolken, eine kleine Sonne ... Irgendwann fand sich auf seinem Bild am linken Rand eine Rauchwolke. Ich fragte nach, was das denn sei, und er antwortete: »Das ist ein anderes Schiff. Das will die Kinder retten.«

Vor allem wenn Kinder ein bestimmtes Verhalten wiederholen, können sich darin Selbstrettungsversuche verbergen. Das gilt auch für Erwachsene. Eine Frau sagte zum Beispiel am Ende einer Therapie: »Früher habe ich mich um Kopf und Kragen geredet, wenn mir jemand nahekam. Ich weiß jetzt, dass das ein Schutz war, damit ich nicht wieder enttäuscht werde, so wie ich oft fallen gelassen wurde. Hier bei Ihnen funktionierte das nicht mehr. Sie lassen mich ganz viel reden – aber irgendwann stoppen Sie mich oder fragen etwas oder machen einen Vorschlag. Da habe ich entdeckt, dass es mich schützen kann, wenn jemand zuhört und auf mich eingeht. Und dass ich Nähe zulassen kann. Wenigstens ein bisschen. Und dann noch ein bisschen ...«

TEIL B

Die verborgenen Quellen der Leere

1 Die Flucht-Leere: Nichts ist wirklich leer, doch es fühlt sich so an

Eine Frau Mitte dreißig äußerte während des therapeutischen Prozesses: »Ich fühle mich so hohl.«

Ich fragte sie: »Woran merken Sie das?«

Sie überlegte eine Weile und antwortete dann: »Das kann ich gar nicht so genau sagen. Da ist irgendwie nichts da, denke ich. Ich überlege, was ich so will, oder versuche herauszufinden, was ich fühle, und dann ist da nichts.«

Wir versuchten, dieses Hohlsein und dieses Nichts näher zu erkunden, doch es war nicht zu greifen. Schon hier werden der Doppelcharakter und die Doppelbödigkeit des Leere-Empfindens deutlich. Die Klientin spürte »nichts« – und gleichzeitig spürte sie dieses Nichts und konnte beschreiben, dass es sich hohl anfühlt. Zu fühlen, dass man kein Gefühl wahrnehmen kann, ist auch eine Wahrnehmung.

Ich schlug ihr schließlich vor: »Wenn Ihr Hohlsein, Ihr Nichts ein Tier oder eine Fantasiefigur wäre, welche wäre es?«

Sie antwortete sofort wie aus der Pistole geschossen: »Ein Löwe.«

Als ich sie bat, den Löwen und was er so tat, genauer zu beschreiben, erzählte sie: »Der Löwe will mich auffressen, ganz klar. Der brüllt mich an. Der will mich auffressen. Er schreit immer: ›Tue etwas!‹ – aber ich weiß nicht, was ich tun soll. Alles, was ich mache, ist falsch. Ich möchte es ja richtigmachen, aber alles, was ich mache, ist falsch.«

Dieser Satz – »Alles, was ich mache, ist falsch« – bewegte sie sehr und erinnerte sie an viele Jahre ihrer Kindheit. Ihre Mutter war psychisch krank. Sie litt an einer Borderline-Erkrankung und zeigte extreme Stimmungsschwankungen. Das Mädchen wusste nicht, woran es mit seiner

Mutter war. Es konnte sie nicht nur nicht erreichen, sondern erlebte seine Mutter als unberechenbar. Es versuchte, es ihr recht zu machen, aber immer wieder machte es etwas »falsch«, war es »falsch«. Schließlich flüchtete es sich in die Leere. Die Flucht-Leere war sein Schutz, ein Rückzugsort und gleichzeitig eine Reaktion darauf, dass die Mutter nicht erreichbar war. In der Leere der Frau verbarg sich ihre Verzweiflung. Als die Verzweiflung spürbar wurde und ihren Ausdruck im Erleben finden konnte, war der Anfang getan, ihre Gefühle des Hohlseins zu verändern.

Ein Mann Anfang zwanzig beschrieb, dass er »nichts mit sich anzufangen weiß«: »Irgendwie treibe ich so dahin. Ich weiß nicht, was ich will. Ich komme mir oft vor wie eine Plastiktüte, die auf dem Meer treibt. Das habe ich im letzten Urlaub am Strand gesehen. Die Plastiktüte gehört da nicht hin, aber sie treibt im Wasser. Keiner nimmt sie weg. Keiner sagt ihr, wo sie hinsoll. Sie treibt und treibt.«

Ich bat ihn, mit Seilen auf dem Fußboden einen Raum zu kennzeichnen, der für ihn den Raum des »Ich weiß nicht, was ich will!« darstellt. Er tat dies. Der Raum war relativ groß, unförmig. Nach einer Weile sagte er: »Ja, so könnte es stimmen, auch wenn ich nicht ganz sicher bin.«

Wir befanden uns außerhalb des Raumes, und ich fragte ihn: »Wie geht es Ihnen, wenn Sie von der Stelle aus, wo Sie sich jetzt befinden, auf den Raum schauen?«

Er überlegte eine Weile und sagte dann: »Es ist so, als ob ich da schon drin sei. Ich weiß auch nicht, ob ich jetzt weglaufen oder bleiben möchte. Es ist so ein Dazwischen.«

Ich ermutigte ihn, ein bisschen zu experimentieren. Er könne sich näher an den Raum heran bewegen oder weiter von ihm weg. Er könne ihn auch betreten. Was immer er wolle. Er solle den Impulsen folgen, die jetzt gerade da seien.

Er bewegte sich ein paar Schritte von dem Raum weg und meinte dann, dass sich da nichts ändere. Dann ging er langsam auf den Rand des Raums zu und sagte: »In den Raum hinein kann ich nicht. Das ist zu gefährlich. Da ist so etwas wie ein schwarzes Loch.«

»Und wie ist es da, wo Sie jetzt stehen, am Rand dieses Raumes?«

»Hier ist es okay. Doch ich merke, dass es mir immer enger wird.«

Das Gefühl der Enge wurde immer heftiger und intensiver. Ich bat ihn, einen weiteren Raum mit anderen Seilen zu gestalten, einen Raum der Enge. Wenn die gespürte Enge einen Ausdruck findet, kann sie sich verändern. Er tat dies. Der Raumdurchmesser hatte weniger als einen Meter. Als er neben diesem Raum stand und auf den Raum der Enge schaute, meinte er: »Jetzt ist mir nicht mehr so eng in der Brust. Es ist schon besser. Wenn ich in den Raum der Enge sehe, dann fehlt da jemand. Da ist jemand nicht da.«

»Wer hätte denn da sein sollen?«

»Mein Vater!« Er wurde traurig und erzählte, dass der Vater die Familie früh verlassen hatte, als der Klient noch sehr klein war.

»Aber wir haben das geschafft. Meine Mutter, meine Schwester und ich. Wir haben das geschafft.«

Ich fragte nach, und er meinte, dass sich der Vater ihm und der Familie gegenüber wie ein »Drecksack« verhalten habe. Er habe sich nie um ihn gekümmert, auch nicht um seine Schwester. Wenn er ihm als Kind geschrieben hatte oder versucht hatte, mit ihm zu telefonieren, habe der Vater immer große Versprechungen gemacht, er würde ihn zum Geburtstag oder zu Weihnachten in seine neue Familie einladen oder ein Paket schicken oder selbst vorbeikommen oder ... Aber das sei nie geschehen, er habe sich nie gemeldet. Als er elf war, habe er als Kind den Kontakt abgebrochen und seine Versuche eingestellt. Er habe sich damit arrangiert, dass der Vater »verschwunden« sei und keine Hoffnung mehr gehabt.

Wir beschäftigen uns weiter mit der Sehnsucht nach dem Vater. In seinem Empfinden, nicht zu wissen, was er will, verbarg sich die Sehnsucht dieses Klienten. Er wollte Nähe und Begegnung mit dem Vater, doch er hatte keine Chance, dass sich dieser Wunsch erfüllte, und hatte aufgegeben. Auch hier war die Leere ein Schutz, um die ständigen Verletzungen und die Hoffnungslosigkeit seelisch zu überleben. Er wusste als junger Erwachsener in meiner Begleitung, dass sich die Sehnsucht nach seinem Vater nicht mehr erfüllen würde. Doch er konnte nun diese Sehnsucht spüren und akzeptieren und andere Wege suchen, um seine Sehnsüchte zu leben.

Nichts Leibliches ist wirklich leer.[13] Das stimmt, und gleichzeitig gilt

---

13 Siehe auch: Fuchs, Thomas: *Leib, Raum, Person.*

es zu würdigen, dass es sich leer anfühlt. Das Leere-Erleben hat einen Doppelcharakter: Es fühlt sich leer an, und in der Leere, unter und hinter der Leere befindet sich etwas anderes, oft ein Gefühl, eine leidvolle Erfahrung. Das Wissen um diesen Doppelcharakter macht es uns Therapeut*innen möglich, uns an Interventionen wie diese zu wagen und den Menschen zu helfen.

2 Die Verlust-Leere: Zwei Erfahrungen, zwei Konsequenzen

Menschen müssen oft Verluste akzeptieren, zum Beispiel dass ein Elternteil früh gestorben ist. Da fehlte dann jemand. Das war traurig, doch man lebte damit, musste damit leben. Eine Frau erzählte: »Als mein Vater so früh gestorben ist, war das schon schlimm. Meine Mutter hat viel getrauert. Und ich auch. Aber irgendwie haben wir uns damit arrangiert. Wenn ich auf meine Kindheit zurückschaue, dann fällt mir auf, dass ich immer wieder väterliche Figuren hatte, an denen ich mich irgendwie orientiert habe, die mir wichtig waren. Das war ein Lehrer in der Grundschule oder später im Leichtathletikverein der Trainer. Als ich dann angefangen habe, Musik zu machen, wurde der Orchesterleiter zu einer Art Vaterersatz. Ich glaube, das hat mir gutgetan.«

Menschen wie diese Frau können sich auf einen Verlust einstellen, wenn sie trauern dürfen und ihren Schmerz teilen können. Sie finden dann neue Wege, das, was fehlt, zu suchen. Menschen wie diese Frau haben zwar Leere-Erfahrungen dadurch gemacht, dass der Vater »weg war« und fehlte, doch diese Leere chronifizierte sich nicht, weil sie als Mädchen gut aufgefangen wurde, in der Familie eingebunden war und sich auch bei Lehrer*innen und weiteren Bezugspersonen aufgehoben fühlte. Sie ging sich selbst nicht verloren. Sie blieb sich ihrer selbst bewusst, empfand sich nicht als leer und unbedeutend.

Ganz anders die Frau, die zu mir in die Therapie kam, weil sie darunter litt, sich immer mehr und intensiver »umerziehen« und »vervollkommnen« zu müssen. Sie empfand sich darin als maßlos und war verzweifelt. Sie spürte, dass sie »irgendwie auf dem Irrweg« war, dass ihre

Bestrebungen nicht von Erfolg gekrönt werden konnten. Immer weiter machte sie sich Druck, strengte sich immer mehr an und litt unter ihrem Scheitern.

Mir kam es vor, als rede sie über eine Puppe, wenn sie über sich selbst sprach, und so schien sie sich selbst auch zu empfinden. In unseren Begegnungen wurde deutlich, wie es zu dieser Entwicklung hatte kommen können. Als sie drei Jahre war, wurde ihre jüngere Schwester geboren, die gleich nach der Geburt für ihre Eltern als Nesthäkchen das bewunderte Wesen war und blieb, während sie als ältere Schwester ab diesem Zeitpunkt ignoriert wurde. »Meine Schwester war das Ein und Alles, ich war das Nichts. Ich lief nur mit, war da und war eigentlich nicht da.«

Viele Kinder haben Angst, dass sie bei der Geburt jüngerer Geschwister an Bedeutung für ihre Eltern verlieren. Doch in meiner Resonanz spürte ich, dass die Erfahrung dieser Frau weit darüber hinaus ging. Sie wurde zur Leerstelle. Sie musste darum kämpfen, kein »Nichts« zu sein. Das war existenziell. Ihre Selbstverständlichkeit des Seins ging verloren. Also versuchte sie, »jemand« zu sein. Durch Leistung, denn Leistung war das Einzige, das zählte. Die Ansprüche, die sie an sich stellte, waren so hoch, dass sie sie nicht erfüllen konnte. Da fehlte nicht nur einiges – Liebe, Zuneigung, Wärme, Interesse, Fürsorge –, sondern sie wurde darüber hinaus wie ein Objekt, wie ein Gegenstand behandelt.

Als sie dies endlich einmal aussprechen und ihr Herz ausschütten konnte, wurde sie zornig: »Womit habe ich das verdient?« Auch hier war sie in dem verinnerlichten Maßstab verfangen, dass ein Mensch etwas leistet oder nicht leistet und dann das Ergebnis »verdient« hat.

Ich antwortete ihr: »Niemand, kein Mensch hat das ›verdient‹, darum kämpfen zu müssen, kein Niemand zu sein. Jeder Mensch hat das Recht auf Liebe und Verbundenheit.« Diesen Gedanken anzunehmen, fiel ihr zunächst schwer. Er hörte sich für die Klientin anfangs an wie ein Satz in einer Fremdsprache. Schließlich wurde sie traurig. Sie konnte um ihre Kindheit, um das, was ihr fehlte, um das, was ihr angetan worden war, trauern.

Auch in der leidvollen Lebenserfahrung dieser Frau ist die Leere als Beziehungserfahrung mit den Eltern entstanden. Sie wurde fühlbar in der therapeutischen Begegnung. Dabei hatte die Leere eine besondere

Qualität: Die Klientin war aktiv und konsequent zu einer Leerstelle gemacht worden und war sich selbst dabei verloren gegangen. Die Leere verbarg sich zumindest teilweise unter den Bestrebungen nach Leistung. Die Frau wurde zu einem Objekt gemacht, an das nur Anforderungen gestellt wurden, und so behandelte sie sich später auch selbst. Sie unterwarf sich hohen Leistungsansprüchen, an deren Erfüllung sie scheitern musste. Erst in der therapeutischen Begleitung konnte diese Frau erleben, was sie von der anfangs geschilderten Frau unterschied. Beide hatten etwas verloren. Doch bei der ersten Frau interessierten sich andere Menschen für deren Gefühle, bei der zweiten nicht. Wenn geschwiegen wird, wenn die Menschen, die etwas verloren haben, allein gelassen werden, dann kann sich das Leersein zu einem Leer-gemacht-Werden entwickeln und in den Menschen einnisten. Dann belastet nicht nur der Verlust, sondern auch das Schweigen über den Verlust.

3 Die Primäre Leere: Wenn Kinder ins Leere greifen, blicken, tönen …

Ich sitze auf der Terrasse eines Cafés und esse ein Eis. In meiner Blickrichtung sitzt ein junges Paar, neben sich einen Säugling in einem Kinderwagen. Das Kind hält die Wasserflasche und trinkt. Manchmal setzt es die Flasche ab, dann wieder greift es mit beiden Händen nach ihr, führt sie zum Mund und saugt weiter. Nach einer Weile lässt es die Flasche fallen und schaut umher. Dabei bewegen sich die Füße. Die Zehen greifen ununterbrochen suchend nach etwas. Schließlich hebt das Kind die Beine hoch und stemmt sich mit den Füßen gegen das Dach des Kinderwagens. Wieder und wieder. Mit den Händen packt es den Überrollbügel und zieht sich daran hoch, um mit dem Mund an diesem Bügel zu saugen. Es greift mit den Füßen, es greift mit den Händen und es greift mit dem Mund. Dabei quietscht es vor Vergnügen.

Der Vater wird aufmerksam, als er das Geräusch hört, und wendet sich dem Kind zu. Das Kind blickt nach dem Vater. Der erwidert den Blick und geht auf das Tönen, Quietschen und Jauchzen ein. Dann versucht das Kind, sich umzudrehen, um erneut nach der Wasserflasche zu greifen. Doch das gelingt ihm nicht. Es knötert ein wenig, bis die Mutter ihm die Wasserflasche zwischen die Finger reicht, sodass das Kind daraus saugen kann …

Ich schaue weiter zu, da meine Freude an den lebendigen Impulsen des Kindes und an der Zuwendung durch die Eltern groß ist. Das Kind greift wie alle Kinder nach diesem und jenem. Es greift mit den Händen, mit den Füßen, mit dem Mund. Wenn es greifen kann, kann es auch die Welt be-greifen. Wenn das Kind tönt, macht es sich bemerkbar, und seine Laute werden erwidert. Die Eltern reagieren, sie versuchen zu verstehen, was das Kind möchte. Über die Reaktion der Eltern versteht das Kind, was die Eltern beabsichtigen. Das Kind schaut hierhin und dorthin. Die Blicke werden erwidert und geben ihm Halt.

Wenn Kinder auf die Welt kommen, sind dieses Greifen und andere Bewegungen primäre Impulse und Intentionen, sich in die Welt hineinzubewegen. Meine Frau und ich[14] nennen sie deshalb »Primäre Leibbewegungen«. Kinder greifen und schauen. Sie tönen und drücken und sie lehnen sich an. All diese Leibbewegungen sind Bewegungen des Erlebens. Sie implizieren und fordern Interaktionen, Dialoge mit anderen. Kinder spüren in ihnen die Begegnung mit anderen Menschen. Deswegen nennen wir sie auch »Spürende Begegnungen«.

Doch was ist, wenn Kinder mit ihren Primären Leibbewegungen ins Leere gehen? Wenn Kinder nach etwas und anderen greifen und da nichts ist, da niemand ist? Dann machen sie die Erfahrung, ins Leere zu gehen, sehr früh im Leben, und sie leiden darunter. Das Kind weiß nicht, dass es unter Leere leidet. Dafür hat es keine Worte, aber das Kind spürt es und es leidet. Wir nennen solche frühen und oft prägenden Leere-Erfahrungen »Primäre Leere«.

Wenn ein Kind tönt und es wird überhört, dann tut dies weh. Nicht immer werden Kinder und vor allem Säuglinge in ihren Geräuschen, in ihren Tönen, die sie von sich geben, verstanden. Es vollzieht sich eine Suchbewegung zwischen den Eltern oder anderen Bezugspersonen und dem Kind, bis sie irgendwann zueinanderfinden. Erfolgt dies nicht, ist das Kind traurig oder ärgerlich und zeigt seinen Protest. Doch wenn sich diese Erfahrung wiederholt, wenn Kinder übertönt und überhört werden, beginnen die Leere-Erfahrungen zu schmerzen. Zumindest früher gab es die pädagogische Maßgabe, Kinder schreien zu lassen, bis sie sich beruhigen. Heute wird dies leider in manchen pädagogischen Ratgebern immer noch behauptet. Das führt dazu, dass den Kindern systematisch Leere-Erfahrungen angetan werden und Leiden verursacht wird. Manche Kinder verstummen aufgrund solcher Leere-Erfahrungen, sie resignieren. Andere wollen die Begegnung erzwingen, schreien nur noch und werden später aggressiv.

Der Tanz der Augen zwischen Eltern und dem Kind ist berühmt und

14 Baer, Udo: *Kreative Leibtherapie.*

gehört zu den Primären Leibbewegungen, die Kinder brauchen, um sich zu entwickeln.[15] Das Kind blickt in die Augen zum Beispiel der Mutter und diese blickt zurück. Dann schauen beide weg und die Blicke treffen sich wieder, sie lächeln sich an, quietschen miteinander ... Wenn das Kind aber den Blick anderer sucht und da ist niemand, wenn es übersehen wird, wenn der Tanz der Augen aus welchen Gründen auch immer nicht gelingt, dann erfährt das Kind Leere und leidet.

Kleine Kinder wollen auch drücken. Sie spüren dabei ihre Kraft und sie spüren, dass sie gehalten werden. Doch wenn sie nicht gedrückt werden, sondern nur Druck als körperlichen Zwang oder als druckvolle Atmosphäre wahrnehmen, sind auch dies Leere-Erfahrungen, die nachhaltige Folgen haben können.

Kinder wollen sich auch anlehnen. Sie suchen Geborgenheit und schmiegen sich an andere Personen mit ihrem ganzen Körper an, auch mit ihren Augen, mit den Händen und Füßen. Doch wenn da niemand ist, der oder die Halt gibt, verlernen Kinder das Anlehnen. Sie probieren es erst gar nicht und versuchen stattdessen, alles selbst zu erreichen und zu bewältigen. Denn die Erfahrung, sich ins Leere zu lehnen, ist nur schwer aushaltbar.

Vor der Geburt sind die kleinen Menschen von einer Fülle umgeben. Diese Fülle hat unterschiedliche Qualitäten, liebevolle und ablehnende. Doch immer ist jemand da, spürbar. Nach der Geburt sind die Kinder auf andere Menschen angewiesen. Sie brauchen leibliche Begegnung. Zu wachsen ist immer ein Wachsen im Dialog, in der Interaktion, in den Spürenden Begegnungen. Wenn da gelegentlich etwas fehlt, ist es für die Kinder kein großes Problem. Sie ärgern sich oder sind traurig – aber dann kommen neue Erfahrungen der Begegnung, die die alten wieder wettmachen und neue Sicherheiten schaffen. Doch wenn diese neuen Erfahrungen nicht erlebt werden können, wenn das Fehlende chronisch wird, dann hat das Folgen. Ins Leere zu gehen, tut Kindern jeden Alters weh. Es schmerzt und ruft oft Wut, Zorn und andere aggressive Gefühle und aggressives Verhalten hervor. Manchmal resignieren Kinder auch, geben ihren Protest auf und ergeben sich in die Leere-Erfahrungen. Diese werden zum Alltag, und das Leben mit ihnen wird zur Gewohnheit.

---

15 Stern, Daniel: *Die Lebenserfahrung des Säuglings.*

Der Prozess der Spürenden Begegnungen beginnt mit der Geburt, aber er endet nicht mit dem Säuglingsalter oder der Kindheit. Für Menschen jeden Alters gilt: Ins Leere zu greifen, zu tönen und zu schauen, schmerzt. Wir brauchen Spürende Begegnungen mit anderen. Wenn wir sie nicht erfahren können, hat dies Folgen.

4 Von der Leere zwischen den Menschen zur inneren Leere

Ich kenne kein Beispiel aus meiner therapeutischen bzw. pädagogischen Praxis, kein einziges, in dem Empfindungen innerer Leere nicht aus Beziehungserfahrungen mit anderen Menschen erwachsen sind. Einen Kerninhalt meiner Erfahrungen zu diesem Thema kann ich deswegen wie folgt ausdrücken: Werden Leere-Erfahrungen mit anderen Menschen chronisch, gehen Menschen also gegenüber anderen immer wieder ins Leere, dann wandert die Leere zwischen den Menschen nach innen und wird zu einem Gefühl innerer Leere. Das klingt in allen Beispielen dieses Textes an.

Wie vollzieht sich dieser Prozess? Hierfür gibt es wie so oft keine »logischen« und erst recht keine allgemeingültigen Erklärungen. Doch es gibt Häufungen, die zu beobachten sind. Einige möchte ich kurz anführen.

»Wenn ich keine Beachtung fand, egal was ich versuchte«, sagte ein Mann, »dann habe ich mich immer selbst schuldig gefühlt. Ich war mir sicher, dass ich etwas falsch gemacht habe, aber ich konnte nicht herausfinden, was. Irgendwann war mir klar, es liegt an mir, und dann dachte ich, dass ich es nicht wert bin, dass man mich beachtet und mich ernst nimmt.«

Dieses Grundgefühl teilen viele Menschen: »Ich bin es nicht wert, dass man mich hört, dass man mich beachtet, dass man mich sieht, dass man mich hält usw.« Die Abwertung durch andere, die in der Form erfahren wird, dass man ins Leere geht, wird zur Selbstabwertung, und so kann sich das Gefühl der Leere in den Menschen einnisten. Das, was in uns wertvoll ist, ja wir als Person werden zur Leerstelle, weil es nicht gespiegelt und beachtet wird. Wir brauchen andere Menschen, um unseren Wert zu spüren und bestätigt zu bekommen. Gehen wir stattdessen ins Leere, verliert der eigene Wert seinen Gehalt, schrumpft, entschwindet. Die Beziehungsleere wird zur inneren Leere.

Manchmal besteht die Beziehungsleere nicht in der Begegnung zweier Personen, sondern verdichtet sich in einer Atmosphäre um den betroffenen Menschen herum. Virginia Woolf beschreibt dies in ihrem 1925 erschienenen Roman: »Wie eine Wolke über die Sonne zieht, so befällt eine Stille London; und befällt das Gemüt. Alles Bemühen hört auf. Die Zeit hängt schlaff vom Mast. Da halten wir inne, da stehn wir still. Nur das Knochengerüst der Gewohnheit, das starre, hält die menschliche Hülle aufrecht. In der nichts ist, sagte Peter Walsh; fühlte sich ausgehöhlt, völlig leer im Innern ...«[16] Auch hier entwickelt sich die Leere im Umfeld der Menschen zu einem Gefühl, innerlich leer zu sein.

Ein zweiter wichtiger Faktor, sich aus der Beziehungsleere heraus leer zu fühlen, besteht in der Resignation aus Hilflosigkeit. Wenn Menschen sich immer wieder erneut anstrengen, Achtung und Beachtung zu finden, und diese Mühen vergeblich sind, dann sind sie irgendwann erschöpft. Die Ohnmacht und Hilflosigkeit werden so groß, dass viele resignieren. Oft ist dies damit verbunden, mit sich selbst zu hadern. Viele entwickeln Schuldgefühle, selbst nicht genug Kraft zu haben und zu versagen.

»Ich habe irgendwann aufgegeben, weil ich nicht mehr konnte«, sagte eine Frau. »Ich habe alles versucht mit meinem Mann, aber da war nichts. Ich dachte, ich müsste mich immer mehr anstrengen und hab mich dafür beschimpft, dass ich das nicht hinbekomme. Aber irgendwann ging es einfach nicht mehr. Ich bin irgendwie in mich zusammengefallen ... Ich war erschöpft, und da war in mir nichts mehr.«

Die meisten Menschen strengen sich an, und wenn das nicht zum Erfolg führt, strengen sie sich noch mehr an. Und noch weiter und noch intensiver ... Doch irgendwann sind sie am Ende, irgendwann reicht die Kraft nicht mehr, funktioniert der Organismus seelisch und körperlich nicht mehr. Wie die Frau sagte: »Da war nichts mehr.« Die

16 Woolf, Virginia: *Mrs. Dalloway*, S. 42.

Leere zwischen den Menschen wird dann zu einem »nichts mehr« in der Person selbst.

Ebenfalls häufig habe ich beobachtet, dass sich die innere Leere in einer richtungslosen und ohnmächtige Wut äußert, wie zum Beispiel bei einem Mann Ende dreißig, der erzählte: »Ich war immer wütend. Ich glaube, ich war immer einsam, aber das habe ich nicht gemerkt. Ich habe die Menschen um mich herum nicht erreicht, und das hat mich hilflos und wütend gemacht. Die Wut hatte aber kein Ziel, keine Richtung. Ich war aggressiv gegen mich, gegen andere, gegen alles, gegen die ganze Welt. Irgendwann war ich unablässig wütend und wusste gar nicht mehr, warum.«

Wenn eine Wut oder ein Zorn eine Richtung hat, dann hat dieses Gefühl einen Ausgangspunkt, ein Interesse, einen Impuls, für dessen Umsetzung der entsprechende Mensch kämpft. Wird die Wut richtungslos, dann entspringt sie einer Leerstelle im Inneren. Zorn und andere aggressive Gefühle wollen etwas verändern, ganz gleich, ob bei sich oder bei anderen. Wenn Menschen aber ins Leere gehen, dann können sie nichts verändern, dann wabert die Wut richtungslos umher und verliert irgendwann ihren Ausgangspunkt. Leere hat keine Richtungen. Die Wut, die zu einer Leere in der wütenden Person wird, entspringt den Leere-Erfahrungen zwischen den Menschen.

Um einen Weg aus dieser inneren Leere zu finden, bedarf es neuer Beziehungserfahrungen im Leben dieser Menschen. In neuen therapeutischen Beziehungserfahrungen liegt die Chance, das Leere-Erleben wieder dorthin zu bringen, wo es entstand: in die Beziehungen zwischen den Menschen. Nur dort kann es verwandelt und können die Folgen geheilt werden.

5 Die Sekundäre Leere: Die Leere danach und die Trauma-Leere

In einem der vorigen Kapitel habe ich beschrieben, wie Säuglinge und Kinder Leere-Erfahrungen erleiden, weil ihr Blick nicht erwidert wird, weil sie übertönt oder überhört werden, weil sie nicht gehalten werden und ins Leere fallen oder sie ins Leere greifen. Solche Erfahrungen, denen auch Erwachsene ausgesetzt sind, bezeichne ich als Primäre Leere-Erfahrungen. Sie sind primär, weil sie sehr früh erfahren werden, und sie sind außerdem als primär zu bezeichnen, weil sie von grundlegender, lebenslanger, existenzieller Bedeutung sind.

Darüber hinaus gibt es eine Leere, die ich als Sekundäre Leere benenne. Meine Frau und Kollegin Gabriele Frick-Baer hat vor ca. zwanzig Jahren in ihrer traumatherapeutischen Praxis festgestellt, dass sie die meisten Klient*innen hilfreich durch ihr Trauma-Erleben begleiten konnte, sodass sich die Folgen und Belastungen minderten, und dass dabei aber immer noch »etwas fehlte«. Sie konnte dieses Fehlende zwar wahrnehmen, aber zunächst nicht konkret fassen. So begann sie, danach zu suchen, was ihr bzw. den Klient*innen noch fehlen könnte, und stellte fest: »Da bleibt noch so viel Einsamkeit im Raum.«

Aufgrund dieser Eindrücke wurde ihr Interesse auf die Zeit nach dem traumatischen Ereignis gelenkt. Über diese »Zeit danach« fand sie in der Fachliteratur nichts, allenfalls wurde darauf in Biografien und belletristischen Verarbeitungen von Trauma-Erfahrungen hingewiesen. Daraufhin befragte sie einige Menschen mit früheren traumatischen Erfahrungen zu dieser Zeit. Eine Frau äußerte in diesem Zusammenhang: »Am schlimmsten ist das Alleinsein danach.« Sie wollte damit nicht die Bedeutung der Gewalt und des Grauens der traumatischen

Erfahrung abschwächen, sondern bezog sich auf die Leere-Erfahrung nach dem traumatischen Ereignis.

Gabriele Frick-Baer begann nun eine Forschungsstudie, in der sie Menschen mit traumatischen Erfahrungen sexueller Gewalt, die später gute therapeutische Erfahrungen machen konnten, ausführlich befragte.[17] Sie wollte wissen, was die betroffenen Frauen in der »Zeit danach«, also in der Zeit nach dem traumatisierenden Ereignis, erlebt hatten. Alle, die sie befragte, hatten in der Zeit unmittelbar danach Leere-Erfahrungen machen müssen. Wir wissen heute, dass es auch Menschen gibt, die nach einem traumatischen Ereignis Trost, Geborgenheit, Parteilichkeit, Wärme und andere Unterstützung erfahren haben. Doch die Mehrheit erlebte das Leiden an der Leere, das Alleinsein und das Alleingelassenwerden danach. Unter den Befragten der Studie von Gabriele Frick-Baer befand sich nur eine Person, die positive und gleichzeitig negative Erfahrungen gemacht hatte. Die Betroffenen beschrieben ihre Leere-Erfahrungen nach dem traumatischen Ereignis sehr eindrücklich.[18]

- »Eine Frau bezeichnete ihre Erfahrung in der Zeit nach dem traumatischen Ereignis als ›ins Leere greifen‹: ›Natürlich ist das schrecklich, natürlich ist das ganz furchtbar, ne, also, so, dieses an sich ... nur, äh, ja, wenn das nicht gesehen, also wenn das ins Leere greift, also es ist ja dieses es geht ins Leere, und, äh, ...‹« (I 4, S. 38)
- »Eine andere erzählte: ›Ich dachte, ich habe nichts in der Hand gehabt, so gar nichts ... (Seufzen mit Pause) ... Also nichts, was ich – ich hatte nichts zu greifen, ne.‹« (I 5, S. 2)
- »Eine Frau wählt zum Beispiel für das, was in der Zeit nach dem traumatischen Ereignis geschehen sei, die Formulierung: ›Es ist weiter passiert, dass es nicht war.‹ Was nicht war, könne ja gar keiner wissen – das sei die Atmosphäre gewesen. Also lautete das Motto: ›So, und jetzt leben wir normal weiter.‹« (I 3, S. 5)

17 Zugunsten der besseren Lesbarkeit gehe ich im Folgenden nicht näher auf die wissenschaftlichen Angaben ein.

18 Die folgenden Zitate entstammen dem Buch »Kreative Traumatherapie – Trauma, die ›Zeit danach‹ und das Aufrichten in Würde« von Gabriele Frick-Baer. Die Angaben in den Klammern sind Hinweise auf die Stellen in den Interviews. I steht für »Interviewte«, die Seitenzahlen beziehen sich auf das Interview.

- »Auch eine andere Frau antwortet auf die Frage, was nach dem traumatischen Ereignis passiert sei: ›Gar nichts. Null. Gar nichts. Also da wurde gar nichts gefragt, da wurde auch nichts hinterfragt.‹« (I 2, S. 4)
- »Eine Befragte erzählte zum Beispiel: ›Es kam viel Vorwürfe. Alles war einfach voller Vorwürfe und, äh, ja, ›Warum hast du denn, warum bist du denn ...‹ und so'n Jammergesang war das irgendwie von meiner Mutter. Als Vorwurf und Sorge und für mich sorgen und doch, ich war einfach so gespickt von Vorwürfen, einfach von, hättest nicht, hättest du nicht sein dürfen, oder so.‹« (I 8, S. 2)
- »Eine Frau beschreibt zum Beispiel ihre Gefühle bei der Begegnung mit ihrer Familie nach der nächtlichen Tat: ›Ja, dieses Gefühl, warum hilft mir keiner? ... (leise weinend) ... Warum hilft mir keiner mit dieser Situation oder überhaupt diese Situation einzuschätzen und zu gucken, was ist da eigentlich passiert?‹« (I 1, S. 14)
- »So eine Leere ... Ein bisschen auch was Erstarrendes.« (I 3, S. 5)
- Andere sagten: »Ich habe gar nichts empfunden.« (I 2, S. 13)

Wenn traumatisierte Menschen nach der Gewalterfahrung ins Leere gehen, also keinen Trost erhalten, keine Unterstützung, keine Wärme, keine Parteilichkeit, dann »fallen sie aus der Welt«, wie es manche formulierten. Dann verstetigen sich die traumatische Erfahrung und deren Folgen. Die Zeit danach, und das ist das Ergebnis der Studie, entscheidet darüber, ob und wie die Wunde des Traumas heilen kann oder nicht. Das Wort »Trauma« stammt aus dem Altgriechischen und bedeutet »Wunde«. Auch eine körperliche Wunde, zum Beispiel der Bruch eines Beins, braucht vielleicht eine Operation, zumindest eine Schiene, einen Verband, Schmerzmittel, Handhalten, Geborgenheit und andere seelische und körperliche Pflege. Für seelische Wunden gilt dies auch. Menschen, die traumatisierende Gewalt erfahren mussten, haben eine negative Beziehungserfahrung gemacht, die sie verstört und verletzt. Sie brauchen in der Zeit danach – wie lange diese auch immer dauern mag – positive, stärkende Beziehungserfahrungen. Für solche Beziehungserfahrungen gibt es keine Rezeptbücher oder Checklisten. Immer brauchen es die Betroffenen, dass jemand da ist, sich für sie interessiert und ihnen glaubt. Sie brauchen es, dass sie unterstützt werden und dass andere Menschen ihre Parteilichkeit für die Opfer und gegen die

Täter*innen zeigen. In welcher Form diese Haltung gelebt werden kann, ist unterschiedlich.

Sollten Sie zu denjenigen Menschen gehören, die diese Sekundäre Leere nach einem traumatischen Ereignis erlitten haben, so hoffe ich, dass Sie mit diesen Hinweisen anderen Menschen begegnen, die Ihnen neue Beziehungserfahrungen ermöglichen.

Wie zu Beginn dieses Kapitels erwähnt, bezeichne ich die Leere nach einem traumatisierenden Ereignis als Sekundäre Leere oder als Trauma-Leere. Die besonderen Qualitäten der Trauma-Leere verdienen eine Zusammenfassung und Ergänzung. Mein Modell des Dreiecks der Trauma-Leere mag dabei helfen:

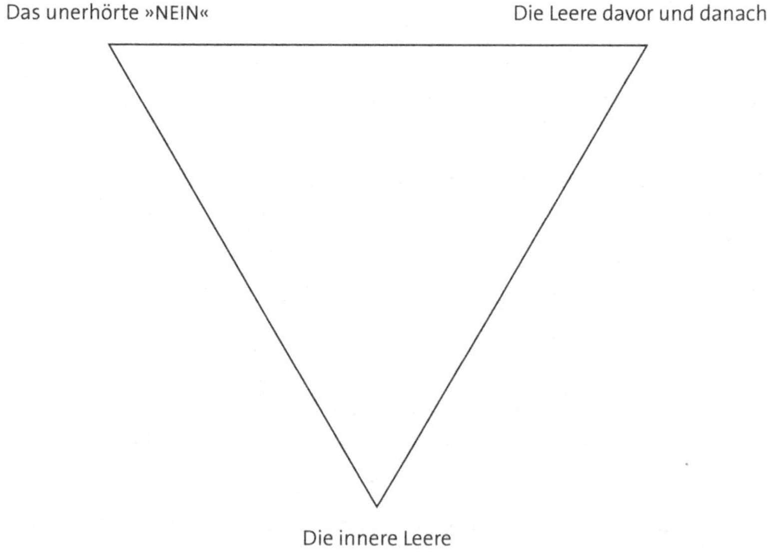

Zu den einzelnen Ecken dieses Dreiecks:

Ein Trauma bezeichnet, um es noch einmal zu verdeutlichen, eine Wunde, die einen Menschen existenziell bedroht und verletzt. Dazu gehört immer, dass das Nein des geschädigten Menschen nicht gehört wird: das Nein zur Vergewaltigung, das Nein zu den Bomben und Schüssen, das Nein zur Vertreibung, das Nein zur Verletzung der Unversehrtheit bei einem Unfall usw. Wenn ein Nein nicht gehört und der Mensch in seiner Not nicht geachtet und geschützt, nicht erhört wird, geht er ins Leere. Es kann die traumatisierende Gewalt oder Bedrohung nicht stoppen, seine Bemühungen verhallen. Dabei ist es unerheblich, ob das Nein oder Stopp laut ausgesprochen oder nur gedacht und auf andere Weise signalisiert wird: Es geht ins Leere.

Wenn sich Menschen in der Zeit nach einer traumatisierenden Erfahrung allein gelassen fühlen und allein gelassen werden, entsteht eine zusätzliche Leere-Erfahrung, die zu der Leere-Erfahrung des traumatischen Ereignisses hinzukommt. Diese »Leere danach« habe ich schon beschrieben.

Darüber hinaus erzählten Frauen, die in ihrer Kindheit traumatisierende Übergriffe erleben mussten, mehrmals, dass sie darüber nicht sprechen konnten, weil ihnen schon vorher niemand zugehört hatte. Das nennen wir die »Leere davor«[19]. So prägt die Leere davor oft die Leere danach und verstärkt das Gefühl und die Erfahrung, mit dem Schrecken des Traumas alleingelassen zu werden. Diese Leere-Erfahrungen führen dazu, dass die traumatischen Wunden offen bleiben.

Diese Trauma-Leere hat Folgen. Wer in Beziehungen zu anderen Menschen Gewalt erfährt und dann ins Leere geht, statt Trost und Unterstützung zu erfahren, muss misstrauisch werden, wenn es um neue Begegnungen und Beziehungen geht. Erläutert habe ich schon, dass und wie die Leere-Erfahrungen zwischen den Menschen zu einem Erleben innerer Leere werden. Das gilt in besonderem Maß für Erfahrungen der Trauma-Leere. Und wer sich innerlich leer fühlt, wird in seinem Selbstwertgefühl geschwächt und gestört sein. Das gilt für jede wiederholte Leere-Erfahrung und für Erfahrungen des Dreiecks der Trauma-Leere besonders intensiv und nachhaltig.

19 Frick-Baer, Gabriele: *Kreative Traumatherapie – Trauma, die »Zeit danach« und das Aufrichten in Würde.*

6 Die transgenerative Leere: Nichts zu greifen

In unserer therapeutischen Praxis stellten Gabriele Frick-Baer und ich häufig fest, dass einige Klient*innen viele Anzeichen der Folgen einer traumatischen Erfahrung zeigten: andauernde Hocherregung, Anspannung, diffuse Ängste, Schuldgefühle, Niedergeschlagenheit, Härte gegen sich selbst usw. Aber in ihrer Biografie war kein traumatisches Ereignis festzustellen. Sie selbst haderten mit dem Ausmaß ihres Leidens, für das es keinen ersichtlichen Grund gab. Anderen Klient*innen waren ihre traumatischen Erfahrungen bewusst und sie hatten diese im therapeutischen Prozess bearbeitet, doch schwanden manche Symptome nicht oder blieben zumindest teilweise bestehen. Es ist immer möglich, dass ein traumatisches Ereignis so sehr verdrängt bzw. dissoziiert wurde, dass es zum Schutz der betroffenen Menschen verborgen bleibt. Doch die Häufung solcher Erfahrungen brachte uns dazu, die Klient*innen zu fragen, ob bestimmte Symptome auch bei den Eltern vorhanden gewesen seien.

Wir waren überrascht, wie häufig wir dabei traumatischen Erfahrungen von Elternteilen begegneten. Den Zusammenhang wollten wir genauer erkunden. All dies führte uns dazu, dass wir in einer qualitativen Befragung Menschen dazu interviewten, ob und wie traumatische Erfahrungen transgenerativ weitergegeben worden waren und welche Auswirkungen das für sie hatte.[20]

Das Ergebnis: Wir begegneten wieder in großem Umfang Leere-Erfahrungen. Die meisten Befragten berichteten, dass sie auf ihre Fragen

20 Baer, Udo & Frick-Baer, Gabriele: *Wie Traumata in die nächste Generation wirken.*

nach den Quellen der irgendwie erspürten Ängste, Schuldgefühle und anderen Kummers ihrer Eltern keine Antworten erhalten hatten und erhielten: »Wenn ich meinen Vater fragte, was er im Krieg getan hat, dann guckte er mich böse an, stand auf und verließ den Raum.«[21]

Bei wieder anderen war die Ausstrahlung des Schweigens so stark, dass sie gar nicht mehr zu fragen wagten: »Ich habe immer gedacht, wenn man mir darüber nichts erzählen will, dann kann ich auch nicht fragen.«[22]

Sie gingen mit ihren Fragen ins Leere und sie spürten die Leere in der familiären Atmosphäre: »Da war immer eine Lücke bei meinen Eltern, zwischen denen, aber auch in denen, irgendwas fehlte, irgendetwas war nicht da, etwas, das nicht fassbar war. Und irgendwann war die Lücke auch in mir, war in mir auch so eine Leere. Ich weiß nicht, wie man das so richtig bezeichnet, aber Leere ist das Wort, was mir einfällt. Innerlich war ich da irgendwie leer.«[23]

Das Tabu wird zu einem Kraftfeld, ist also noch viel mehr als eine Leerstelle. »Die Gefühlswelt verabscheut ein Vakuum«, schreibt Dina Wardi.[24] Die betroffenen Menschen füllen die Leerstellen des Schweigens zwangsläufig mit Fantasien. Sie versuchen, Erklärungen zu finden – vergeblich. Diese Leere ist nicht einfach nur »nichts«, sondern hat eine große Ausstrahlung und enorme Wirkung. »Das psychische Loch, von dem hier die Rede ist, gleicht dem Phänomen des Schwarzen Lochs, von dem in der Physik die Rede ist. Das Schwarze Loch ist ein Körper, der in der Folge der Gravitationskraft alles ansaugt, was in seine Nähe kommt. Das psychische Loch kann ebenfalls als Körper gesehen werden, als Verdichtung der Fantasien über die traumatische Vergangenheit der Eltern, die das gesamte Leben des Patienten beeinflusst. (...) Das Kind erlebt den fehlenden Teil der Lebensgeschichte der Eltern als eine ständige Verletzung seiner Psyche, als Lücke in seinem emotionalen Empfinden.«[25]

---

21 Baer & Frick-Baer, a. a. O., S. 56.
22 Baer & Frick-Baer, a. a. O.
23 Baer & Frick-Baer, a. a. O., S. 65.
24 Wardi, Dina: *Siegel der Erinnerung*, S. 17
25 Opher-Cohn, Liliane et al. (Hrsg.): *Das Ende der Sprachlosigkeit?*, S. 166 f.

In den Interviews unserer Untersuchung wird dies bestätigt. Eine Befragte erzählte zum Beispiel: »Ich habe mir ständig Gedanken über meinen Vater gemacht, mir war wichtig, wie es ihm geht, was er denkt, was er fühlt, wie er drauf ist, und ich wusste das auch meistens. Ich wusste das manchmal eher als er selber, und darin bin ich heute noch gut bei anderen Menschen. Ich arbeite im Büro und ich bin aber so was wie die Seelsorgestelle, manche sagen auch Mutter Teresa zu mir, weil ich bei allen immer alles mitbekomme und nichts einfach so stehen lassen kann.«[26]

Um das Ergebnis zusammenzufassen: Traumatische Erfahrungen können an die nächsten Generationen weitergegeben werden. Dies erfolgt umso häufiger und intensiver und mit umso nachhaltigeren Wirkungen, je mehr das dramatische Erleben von der älteren Generation verschwiegen wird. All dies ist unabhängig davon, ob es sich um sexualisierte Gewalt, Kriegserfahrungen oder andere traumatische Ereignisse handelt. Wenn das Verschwiegene zu einem Tabu wird, entsteht daraus eine Leerstelle des Lebens für die Angehörigen der nächsten Generation. Doch Kinder spüren, dass ihre Eltern oder Elternteile leiden, und sie versuchen, sie von diesem Leiden zu befreien. Sie spüren in besonderer Weise zu den Eltern hin, sodass man sagen kann: Je mehr etwas verschwiegen wird und so zu einer Leerstelle gemacht wird, umso eher weckt es das Interesse der nächsten Generation. Das führt dazu, dass es an diese Generation weitergegeben wird.

Die Erfahrungen des Traumas, die nicht mitgeteilt werden, werden zu einem Schwarzen Loch. Dieses Schwarze Loch zieht Energien an sich. In der Natur können Schwarze Löcher ganze Sonnensysteme verschlingen. Die Energie, die in die Leerstelle des Traumas der nachfolgenden Generation fließt, führt nicht dazu, dass das traumatische Ereignis selbst bekannt wird oder kognitiv weitergegeben wird, aber die Folgen werden weitergegeben. Die Kinder spüren die Angst der traumatisierten Eltern, ihren Schrecken, ihren Schmerz und alle weiteren Trauma-Folgen. Doch die Kinder wissen nicht, woraus diese Gefühle und dieses Befinden erwachsen, aus welchen Erfahrungen sie entstan-

26 Baer, Udo & Frick-Baer, Gabriele: *Wie Traumata in die nächste Generation wirken*, S. 67.

den sind. Über ihre Resonanz, ihre Fähigkeit zum Mitgefühl bekommen sie dann Ängste, ohne zu wissen, warum. Sie spüren Schmerz ohne Trost, Verluste ohne Trauer, Schrecken ohne Worte.

Solche Nöte zu spüren, »ohne zu wissen, warum«, führt in der nächsten und übernächsten Generation wiederum zu einer Leerstelle. Oft meinen die betroffenen Menschen dann, sie seien dafür selbst verantwortlich, oder halten sich für »verrückt«. Die Folgen sind vielfältig.

Um die Möglichkeit transgenerativer Trauma-Weitergabe zu wissen, hilft. Das, was unerklärlich ist, kann zumindest teilweise mit Wissen und Gefühlen gefüllt werden. Die Betroffenen verstehen dann besser, was mit ihnen los ist, und hadern nicht nur mit sich selbst. Ob die Gelegenheit besteht, mit Angehörigen der vorherigen Generation zu sprechen und offen Fragen zu stellen, ist je nach Familie und Alter unterschiedlich. Zumindest ist es einen Versuch wert, weil viele Menschen der älteren Generation einerseits große Scheu haben, über die traumatischen Ereignisse zu reden, andererseits aber auch zumindest ahnen, dass es ihnen guttäte, diese zu teilen. Viele wollen auch die Angehörigen der nächsten Generation, ihre Kinder und Enkel, damit nicht belasten. Das ist zwar ehrenwert, aber begünstigt leider die Weitergabe der Traumata. Doch gibt es auch noch andere Möglichkeiten, um Erfahrungen von Angehörigen der älteren Generation, die möglicherweise traumatisiert sind, zu erkunden: über Verwandte und Bekannte, Zeitzeugen, Literatur, Tagebücher und Ähnliches. Am wichtigsten ist, dass Betroffene sich darin unterstützt fühlen, zu verstehen, was mit ihnen geschehen ist, und sich ermutigt fühlen, einen Schritt beiseitezutreten – so gut es geht. Die Folgen der Leere zwischen den Generationen können geheilt werden, und aus Tabu und Schweigen kann Lebendigkeit erwachsen.[27]

---

27 Baer, Udo & Frick-Baer, Gabriele: *Kriegserbe in der Seele.*

7 Die Dissoziationsleere: Leid und Schutz

Manche leiden unter einer Form der Leere, die ich als »Dissoziationsleere« bezeichnen möchte. Dissoziationen sind Leerstellen im Bewusstsein und im Gedächtnis von Menschen, die in der Regel während und nach traumatischen Erfahrungen auftreten. Im traumatischen Ereignis, zum Beispiel bei sexueller Gewalt, spalten manche Opfer ihr Körperbewusstsein ab, andere haben das Gefühl, sich aufzulösen oder im Universum zu »verschwinden«. Andere wiederum »streichen« unbewusst das Ereignis des Schreckens aus ihrem bewussten Gedächtnis. All das kann auch in der Zeit danach weiterwirken.

Einige Beispiele dazu aus dem, was die von Gabriele Frick-Baer befragten Frauen in der oben erwähnten Studie berichteten:

- »Ich habe mich so abgeschottet, ich habe mich selber nicht gespürt. Also, das habe ich perfekt beherrscht.«
- »Ich kann mich nicht erinnern, dass ich irgendetwas gefühlt habe.«
- Eine Frau berichtete, sie habe »total dicht gemacht«.
- »Ich, ich glaube, ich habe mich kaltgestellt.«

Solche Dissoziationen sind eine Schutzreaktion der Betroffenen. Sie reagieren dann auf etwas, was für sie nicht aushaltbar war und ist. Wenn Menschen Erfahrungen nicht bewältigen können, überdeckt der Organismus diese Erfahrungen mit einer Leerstelle, was dann klinisch als Dissoziation bezeichnet wird. Meiner Meinung nach sind Dissoziationen keine Krankheit (auch wenn manche Menschen sich krank fühlen), sondern eine Not-Wendigkeit zum psychischen Überleben nach einem traumatischen Ereignis. Sie gehören entsprechend auch in die

Lebenszeit danach und sollten als kreative Bewältigungsstrategie derjenigen, die Opfer traumatischen Schreckens wurden, gewürdigt werden.

Auch im Alltagsleben kennen wir den Prozess, dass unangenehme Situationen vergessen und verdrängt werden. Etwas zu verdrängen, ist häufig eine Folge davon, dass wir uns wegen einer Handlung schämen. Sie bleibt dann entweder unauslöschlich in unserem Gedächtnis oder wir vergessen sie und decken den Mantel des Schweigens darüber. Wird diese Erfahrung allerdings aus irgendeinem Anlass, der der beschämenden Situation ähnelt, wieder aktualisiert, tritt sie aus dem Unbewussten, aus dem Verdrängten hervor und wird wieder lebendig. Doch die Dissoziation unterscheidet sich von solchen Erfahrungen. Sie ist stärker, denn sie betrifft ein Trauma-Erleben, das als existenzielle Bedrohung erfahren wurde und wird. Deswegen haben Dissoziationen eine andere, nachhaltigere Qualität als die Alltagsverdrängungen.

Dissoziationen bewirken nicht nur eine Leerstelle im kognitiven Gedächtnis, sondern betreffen auch das Körpererleben, das Erleben der Sinne und der Sinnlichkeit. Es werden im Leibgedächtnis, also im Gedächtnis des Erlebens, Szenen wahrgenommen und »gespeichert«, und zwar emotionale, körperliche, situative sowie dialogische Begegnungen. All diese Aspekte des Erlebens können sich in unaushaltbaren Situationen vom Bewusstsein abtrennen und zu einer Leerstelle werden. Dissoziationen betreffen also nicht nur die Erinnerungen an Fakten wie ein bestimmtes Datum oder einen Namen, sondern weitere Aspekte des Erlebens.

Auch beim Erleben der Dissoziation in der Lebenszeit danach begegnen wir dem Doppelcharakter des Leere-Erlebens. Es fehlt etwas, es ist etwas weg, ist zu einem Nichts geworden, *und gleichzeitig* spüren die betroffenen Menschen etwas. Vielleicht bemerken sie eine zunehmende Vergesslichkeit oder dass sie sehr fahrig sind, dass sie sich unsicher fühlen oder erregt sind, dass sie ins Leere greifen oder orientierungslos sind und »nicht mehr wissen, was los ist«. Der Doppelcharakter der Leere-Erfahrungen mit all diesen genannten Aspekten zusammengenommen bewirkt, dass es keine »totale« Dissoziation gibt. Auch wenn eine bewusste Erinnerung völlig unzugänglich zu sein scheint, bleiben im Körpererleben, in der Sinneswahrnehmung, in spontanen Bewegungen oder im kreativen Ausdruck Spuren des Dissoziierten vorhanden. Diesen Prozess kann nach meiner Erfahrung und Überzeugung niemand allein bewältigen. Dafür braucht es kompetente Begleitung. Ein emotionaler Bereich mag betäubt sein, andere Gefühle werden dafür aber umso stärker erlebt. Wenn wir gemeinsam mit den Klient*innen genau hinschauen, finden sich immer Spuren des Dissoziierten in der Breite des Erlebens der Betroffenen. In jeder Dunkelheit gibt es einen Spalt zum Licht, mag er noch so klein sein. Mit dieser Haltung gilt es nach den Spuren des Dissoziierten zu suchen, wenn es im therapeutischen Prozess ansteht, Betäubtes und Abgespaltenes wiederzubeleben.

Auch dazu ein Beispiel: Eine Frau hatte einen schweren Unfall erlebt und überlebt. Ein anderer Verkehrsteilnehmer hatte ihrem Auto die Vorfahrt genommen und sie gerammt. An den Unfall und auch an die unmittelbare Zeit danach hatte sie keine Erinnerungen mehr. Sie fuhr nach dem Krankenhausaufenthalt wieder Auto, sobald sie körperlich dazu in der Lage war. Doch etwas hatte sich in ihrem Lebensalltag geändert: Sie war deutlich reizbarer und aggressiver zu den Menschen in ihrer Umgebung geworden, zu ihren Kindern und zu den Erwachsenen. Sie selbst merkte das nicht, doch die anderen spiegelten ihr das veränderte Verhalten und beklagten sich. Das irritierte sie, meinte sie doch, dieselbe zu sein wie vor dem Unfall. Sie berichtete: »Ich redete mit meiner Freundin darüber. Sie sagte auch, dass ich mich seit dem Unfall verändert hätte. Als ob da etwas in mir schlummern würde, das immer wieder mal ausbricht. Sie meinte, ich solle mir helfen lassen, so einen Unfall könne man nicht einfach wegstecken. Ich nahm das ernst und ging zu einer Therapeutin, die ich von früher kannte.«

Und sie erzählte weiter: »Das war schon komisch. Als die Therapeutin mich nach diesem und jenem fragte, merkte ich, wie viel mir um den Unfall herum fehlte. Beim Antworten auf die Fragen wurde ich immer gereizter, das nervte mich. Dann sollte ich noch auf einem Musikinstrument meine Reizbarkeit spielen. Ich nahm eine Trommel und fetzte ganz aggressiv los ... Dann begann ich zu weinen ...«

Im weiteren Verlauf wurden ihr Schrecken und die Not ihres Unfall-Traumas für sie wieder spürbar. Sie konnte dies im geschützten und begleiteten Raum der Therapie nach und nach zulassen und über das, was ihr angetan worden war, zornig und traurig sein. Wie bei vielen Menschen mit ähnlichen traumatisierenden Erfahrungen war das Trauma-Ereignis mit einer Mauer der Dissoziation umhüllt. Doch in jeder dieser Mauern gibt es wie gesagt einen Spalt, manchmal einen sehr kleinen. Bei dieser Frau bestand dieser in ihrer Reizbarkeit und ihrer zunehmenden Aggressivität. Die Dissoziation enthielt nicht nur Leere, die Leere war eher eine Hülle, die das Schlimme verbarg, das nicht auszuhalten war. Es war Leere vorhanden *und gleichzeitig* etwas anderes, etwas, das – durch den Spalt – aus dem Trauma-Erleben herausstrahlte. Daran anknüpfend konnte sich für sie vieles zum Guten verändern.

8 Die Identitätsleere: »Wer bin ich?«

Das Wort »Identität« entstammt dem lateinischen *idem*, was »ebendasselbe« bedeutet. Es bezeichnet das Unverwechselbare eines jeden Menschen. Die Identität wird nicht nur genetisch beeinflusst, sondern auch durch Rollenerwartungen und Ansprüche anderer bzw. der Gesellschaft. Wir *erleben* unsere Identität. »Wie bin ich? Wie erlebe ich mich in der Welt? Was erlebe ich an mir als besonders? Was ist mir eigen? Wer bin ich als Person? Was unterscheidet mich von anderen?« Das sind einige der Fragen, die wir uns in diesem Zusammenhang stellen.

Menschen mit massiven Leere-Erfahrungen leiden sehr häufig an anhaltenden Schwierigkeiten mit ihrer Identität. Ein Beispiel: Ein Ehepaar hatte kurz nach der Geburt sein erstes Kind, ein Mädchen, verloren. Es benannte das nächste Kind nach ihm. Dieses Mädchen wuchs »mit einem Schatten« auf, mit der fortwährenden, ungreifbaren Anwesenheit der verstorbenen Schwester, wie sie später beschrieb: »Meine Eltern erzählten mir erst davon, als ich 25 wurde. Ich habe sie angesprochen, nachdem ich von meiner Tante danach gefragt worden war, wie es mir denn eigentlich damit ginge, dass ich den gleichen Namen wie meine verstorbene Schwester hätte. Ich fiel aus allen Wolken. Ich wusste nicht einmal, dass ich eine Schwester hatte. Später wurde das für mich die Erklärung dafür, dass ich mich immer unsicher fühlte, ob ich von meinen Eltern wirklich gemeint war, wenn es irgendwie um mich ging. Da blieb immer etwas in der Schwebe. Diese Unsicherheit bekommt mein jetziger Mann auch noch ab. Dem traue ich manchmal auch nicht, wenn er etwas zu mir sagt, vor allem wenn er etwas Schönes meint oder ein Kompliment äußert. Da bin ich mir auch immer noch unsicher, ob ich wirklich gemeint bin.«

Der Verlust ihres Kindes, die Leerstelle, die dadurch bei den Eltern entstanden war, versuchten sie damit zu füllen, dass sie den Namen des verstorbenen Kindes dem nächstgeborenen Mädchen gaben. Vielleicht diente ihnen das als Trost und zur Verarbeitung ihrer Trauer, ihres Verlustes, wohl auch zum Verdrängen ihres Schmerzes und der Angst, ihn nicht auszuhalten. Doch für dieses Mädchen, die spätere Frau, hatte dies Folgen. Sie entwickelte ihre eigene Identität, *und gleichzeitig* stand sie als Stellvertreterin für jemand anderes. Sie war immer sie selbst *und gleichzeitig* ein Schattenwesen mit einem fremden, leeren Schatten, dem ihrer verstorbenen Schwester. Davon wusste sie nichts, und deshalb konnte sie diesen Aspekt ihres Erlebens nicht greifen. Dies produzierte über die Jahre eine nachhaltige Verunsicherung ihrer Identität und damit ihres Selbstwertgefühls, ihres Selbstbewusstseins, ihrer sozialen Bezüge und vieler anderer Aspekte ihrer Leiblichkeit.

Die Identität eines Menschen ist nicht starr oder unveränderlich. Das ist für alle, die an Aspekten ihrer Identität leiden, eine Eigenschaft, die Hoffnung macht. Identität kann sich entwickeln, wenn ungünstige Lebensbedingungen durch günstige ersetzt werden. Doch was brauchen Menschen zur Entwicklung ihrer Identität? Sie brauchen eigene Erfahrungen und gleichzeitig Einflüsse von außen, die sie übernehmen, an denen sie sich aber auch reiben können. Sie brauchen Austausch mit anderen Menschen, sie brauchen Impulse, die sie ablehnen oder verarbeiten können. Sie brauchen die Möglichkeit zu pulsieren, also sich auszuweiten auf andere hin, auf die Welt und die Menschen hin, aber auch die Möglichkeit des Rückzugs auf das unmittelbar Eigene, auf den eigenen Raum der Persönlichkeit. Wer in seinem Leben über längere Zeit ins Leere geht, dem fehlen diese Aspekte, die für die Identitätsentwicklung notwendig sind. Die Leere gibt nichts und nimmt nichts. Leerstellen kann man nicht verarbeiten, gegen Leere kann man nicht kämpfen und man kann sie nicht wegwerfen. Leere-Erfahrungen verunsichern auf Dauer. Immer neu werfen sie die Fragen auf: »Wer bin ich? Was spüre ich? Kann ich dem trauen, was ich wahrnehme und höre?«

Eine Klientin setzte sich täglich mit diesen Fragen auseinander. Ihre Mutter war psychisch krank, litt an einer Borderline-Persönlichkeitsstörung und war für das Kind nicht zu greifen gewesen. Die Mutter blieb unberechenbar, konnte weder halten noch Halt sein. Das Mädchen hatte nie gewusst, woran es war und ob es gerade die tollste, schönste, beste Tochter für die Mutter war oder mit völliger Missachtung bestraft wurde. Der Vater hatte sich in den Alkohol geflüchtet. Das Mädchen hatte sich durchgekämpft, sich an ihrem schulischen Leistungsvermögen und an den Rückmeldungen seiner Lehrer*innen orientiert. Das hatte ihm Halt und Sicherheit gegeben. Später wurde es selbst Lehrerin. Doch die Verunsicherung brach immer wieder über sie herein. Immer wieder fragte und fragt sie sich: »Wer bin ich eigentlich?« Beruflich hatte sie durchaus Erfolg. Sie wurde von ihren Schüler*innen und den Kolleg*innen akzeptiert, doch sie selbst fragte sich oft, was sie denn da eigentlich mache, ob sie nicht nur eine Schauspielerin sei, eine Frau, die eine Lehrerin spielt. Ihre chronische Verunsicherung stellte ihre berufliche Identität infrage. Enge soziale Beziehungen wurden für sie auch schwierig, weil sie immer wieder zurückschreckte und kaum jemandem vertrauen konnte.

Als in der Therapie ihre Leere-Erfahrungen deutlich wurden, war dies ein wesentlicher Schritt zum Verständnis ihrer Situation und ihres aktuellen Erlebens. Sie hörte auf, sich selbst zu verachten und zu misstrauen, zumindest die meiste Zeit. Das, was sie als Kind und Jugendliche in ihrer Identitätsentwicklung nicht hatte leben können, holte sie in der therapeutischen Beziehung nach. Um die Leere-Erfahrungen durch neue Erfahrungen zu ersetzen und ihre eigene Identität als Frau, als Lehrerin, als Freundin, als mögliche Partnerin zu entwickeln, brauchte es noch einen langen Zeitraum und vor allem ihre Geduld und Bereitschaft, nach »Rückschlägen«, wie sie es nannte, auch ihre Fortschritte zu würdigen.

Identitätsprobleme sind häufig Thema in der therapeutischen Begleitung und können sehr unterschiedliche Formen annehmen. Bei einigen Menschen verschwimmt die Identität, und sie wissen dann nicht mehr, ob sie sie selbst sind oder eine oder mehrere andere Personen. Ein Beispiel dafür gibt der Schauspieler Edgar Selge in seinem Buch »Hast du uns endlich gefunden«, in dem er seine Kindheit in den Sechzigerjahren beschreibt. Der Vater ist Gefängnisdirektor, und das gemeinsame Zuhause befindet sich auf dem Anstaltsgelände. Edgar Selge wird als Kind vom Vater häufig geschlagen. Beide Eltern bedauern den Untergang des Naziregimes und distanzieren sich nicht von den vergangenen Kriegsverbrechen und Gräueln. Es wird, wie damals häufig und wie ich es auch von meiner Familie kenne, geschwiegen. Fragen gehen ins Leere oder werden mit Prügel beantwortet. Um ihn herrscht eine »große Stille«, wie er die Atmosphäre bezeichnet. So fällt es dem Kind Edgar schwer, die eigene Identität zu entwickeln. »Die große Stille brach aus. Die kenne ich sehr gut. Dann liegt die ganze Welt hinter einer dicken Scheibe.«[28] Wenn die Verbindung zur Welt so unterbrochen wird, kann die Identität ebenfalls brüchig werden: »Vierzig Strafgefangene Stuhl an Stuhl. Und dann gibt's ja noch die vierzig in meinem Rücken. Aber was mich verrückt macht, ist, dass die mich alle anschauen. Das ist schwer auszuhalten. Wo höre ich selbst auf, und wo fangen die Strafgefangenen an?«[29]

Auch diese Form der Identitätsverunsicherung ist eine Folge von Leere-Erfahrungen und schafft eine bestimmte Qualität von immer neuen Erfahrungen der Leere. Was bleibt, wenn die eigene Identität durch Leere-Erfahrungen verwüstet ist, beschreibt Reiner Kunze in seinem Gedicht[30]:

Sensible Wege

Sensibel
ist die erde über den quellen: kein baum darf
gefällt, keine wurzel gerodet werden

die quellen könnten
versiegen

Wie viele bäume werden
gefällt, wie viele wurzeln
gerodet

in uns.

---

28 Selge, Edgar: *Hast du uns endlich gefunden*, S. 55f.
29 Selge, a. a. O., S. 19.
30 Kunze, Reiner: *Sensible Wege*, S. 101.

9 Die Kern-Leere

Ein neuer Klient. Ich bat ihn zu erzählen, was ihn zu mir geführt hat. Er stellte sich als erfolgreicher Geschäftsführer vor und berichtete, dass er überall gut »ankomme«. Er war charmant und vermittelte den Eindruck, auf alle Herausforderungen eine Antwort zu wissen. Auf mich wirkte er wie in einem Vorstellungsgespräch. Er stellte sich so dar, dass ich ihn vermutlich sofort eingestellt hätte, hätte ich einen leitenden Mitarbeiter gesucht. Als ich ihn fragte, warum er in die Therapie zu mir komme, meinte er, er sei über jemanden vermittelt worden, der schon einmal eine Therapie bei mir gemacht habe und damit sehr zufrieden gewesen sei. Dann erzählte er weiter von sich. Er plauderte und teilte eine Geschichte nach der anderen aus seinem Leben mit. Ich war beeindruckt davon, was er war und wie er war, und fühlte mich aber allmählich immer kleiner und wertloser, spürte eine zunehmende Verunsicherung. Als »Profi«, der ich war und bin, nahm ich einerseits meine Empfindungen als die meinen ernst, andererseits vermutete ich – nach einem kleinen inneren Schritt beiseite –, dass sie auch Ausdruck von Resonanzphänomenen sein könnten. Verunsicherung und das Gefühl, »klein gemacht« und nicht wertgeschätzt zu werden, lagen »in der Luft«, und ich nahm an, dass dies etwas sein könnte, was von ihm herüberschwappte und sich in meiner Resonanz ausdrückte. Schließlich fragte ich ihn nochmals, was er denn bei mir wolle. Eine Therapie sei dazu da, den Menschen, die leiden, zu helfen, ich bekäme allerdings von ihm keinen offensichtlichen Hinweis auf Leiden.

Er antwortete, dass seine Frau und eine Kollegin in der Firma, in der er tätig war, ihn nicht so sähen, wie er sei. Dies würde ihn manchmal irritieren. Dann begann er über die Kollegin und vor allem über seine Frau zu reden.

Ich wies ihn darauf hin, dass weder seine Frau noch die Kollegin gerade hier in unserer therapeutischen Begegnung seien, sondern er, und fragte ihn, wie er seine Irritation spürte – keine Antwort. Also fragte ich ihn, wie seine Frau und seine Kollegin ihn sähen und was er dabei empfinde. Er konnte nicht antworten. Ich fragte ihn nach seinem Befinden, und er erzählte Geschichten.

Nach dieser ersten Stunde vereinbarten wir eine nächste. Ich war gespannt, ob er wiederkommen würde. Er kam. Ich wertete dies als Ausdruck seines Willens, meine Hilfe zu suchen und anzunehmen, auch mit der Richtung, die in meinen Fragen zum Ausdruck kam. In unserer zweiten Stunde entschied ich mich, dies nicht direkt anzusprechen, sondern nach therapeutischen »Umwegen« zu suchen, um der Kernfrage näher zu kommen, die ihn vermutlich beschäftigte: »Wer bin ich eigentlich?«

Auch diese Stunde begann wieder damit, dass er ausführlich über seine Frau sprach. Ich bat ihn, seine Frau so zu malen, wie er sie erlebe und empfinde.

»Ich kann zwar sonst alles, aber malen kann ich nicht. Das geht nicht. Tut mir leid, das geht nicht«, war seine Antwort.

Also schlug ich ihm vor, ein Kleckerbild zu erstellen, bei dem es gar nicht darum gehe, etwas zu können oder nicht zu können. Vielleicht würde sich später herausstellen, dass das etwas mit seiner Beziehung zu seiner Frau zu tun habe, vielleicht auch nicht. Ich bat ihn, dafür Flaschen mit Gouache-Farben zu nehmen, ein großes Blatt auszubreiten, die Flaschen zu öffnen und Farbe auf das Blatt zu kleckern. »Lassen Sie sich überraschen, was passiert«, ermunterte ich ihn.

Er begann zunächst zögerlich, doch dann immer intensiver zu kleckern. Schließlich griff er auf meine Anregung hin zu einem Spachtel und vermischte die Farben, sodass ein sehr vielfältiges, buntes Bild entstand.

Ich fragte ihn, was er denn nun sehe.

Er meinte dann: »Ja, das ist meine Frau, so wie ich sie kennengelernt habe. So bunt und vielfältig. Toll!«

Dann bat ich ihn, ebenfalls mit der Kleckertechnik sich selbst zu malen. Ein Selbstbildnis, nicht als Abbildung, sondern so, wie er sich selbst erlebe. Das fiel ihm viel schwerer, als das Bild seiner Frau zu gestalten, doch er bemühte sich. In der Atmosphäre nahm ich Anstrengung wahr. Doch schließlich »schaffte« er es und legte sein Bild neben das seiner Frau. Als er sein Bild anschaute, ging von ihm eine Atmosphäre der Stille und des Schweigens aus. Er flüsterte: »Das bin ich eigentlich gar nicht.«

Ich fragte: »Wer sind Sie denn?«

»Das weiß ich nicht.«

An dieser Stelle brechen einige Klient*innen, die mit solcher Selbsterkenntnis konfrontiert sind, die Therapie ab. Dieser Mann blieb. Es wurde ihm schmerzlich deutlich, dass hinter dem schönen Schein, dem Aufgeplustertsein, dem Schaufenster eine Leere drohte. Diese Leere betraf, wie sich herausstellte, seinen inneren Kern.

Der innere Kern ist Teil eines jeden Menschen. Von diesem Kern aus treffen wir Entscheidungen und bewerten uns und andere. Carl Rogers[31] nannte ihn »den zentralen Ort der Bewertung«. Diesen inneren Kern[32] finden wir in keinem Anatomieatlas und auf keinem Röntgenbild – aber wir Menschen können ihn spüren. Dieser innere Kern kann durchaus gestört oder sehr beschädigt werden. Bei manchen Menschen ist er so sehr von Leere umhüllt, dass sie ihn kaum noch spüren und nicht mehr in ihrem alltäglichen Leben und Erleben nutzen können. Wenn dieser innere Kern als hohl erlebt wird oder von Leere umhüllt oder zumindest teilweise durch Leere ersetzt ist, dann drohen Menschen zusammenzubrechen. Das kann unterschiedliche Formen annehmen. Manche versuchen sich zu helfen, indem sie nach außen darstellen, welch tolle Menschen sie sind und wie ihnen alles gelingt. Wenn man dies Jahre oder Jahrzehnte lang übt, ja trainiert, kann das Erfolg haben.

Wenn ich hier das Wort »aufgeplustert« verwende, mag dies abwertend klingen. Viele fühlen sich abgewertet, wenn sie als Partner*innen oder Kolleg*innen auf den schönen Schein, auf das »tolle Außenbild« hereingefallen sind. Begegnen sie dem sich dahinter verbergenden Elend, kommt Enttäuschung dazu. Oft ergreifen dann alle Seiten die Flucht voreinander. Ursprünglich ist das »Aufplustern« aber Ausdruck einer großen Not.

Der Verlust des Zugangs zum inneren Kern und die Unwirksamkeit,

---

31 Rogers, Carl R.: *Die klientenzentrierte Gesprächspsychotherapie.*

32 Der »innere Kern« ist einer der Bedeutungsräume. Mehr dazu in: Baer, Udo: *Kreative Leibtherapie.*

ihn als Kompass des Erlebens und Lebens nutzen zu können, hat nachhaltige Folgen für die betroffenen Menschen. Ich bin der Auffassung, dass alle Persönlichkeitsstörungen, wie sie psychiatrisch diagnostiziert werden, darin wurzeln, dass der innere Kern nach Gewalt- und Leere-Erfahrungen von Leere umhüllt oder teilweise durch Leere ersetzt wurde. Die jeweiligen Persönlichkeitsstörungen stellen dann unterschiedliche Formen dar, damit umzugehen. Die Kern-Leere ist allen eigen. Ich neige nicht zu verallgemeinernden Behauptungen, doch diese entspricht meinen Erfahrungen und denen anderer Kolleg*innen. Mir ist es ein Anliegen, dass Therapeut*innen, Psychiater*innen und andere den Blick auf diese Menschen erweitern und zumindest auch auf die Erfahrungen und das Erleben von Leere lenken.

Eine Frau mit einer diagnostizierten Borderline-Persönlichkeitsstörung hatte massive und wiederholte traumatische Erfahrungen sexueller Gewalt als Kind erfahren, und sie war mit diesem schrecklichen Erleben allein geblieben – ungetröstet und ungeschützt. Die Leere, die sie in der Zeit danach und auch in anderen Situationen immer wieder mit anderen Menschen erlebte, war als Leere-Erleben in sie hinein gewandert und hatte den Zugang zu ihrem inneren Kern versperrt oder zumindest in großem Maße unbrauchbar und für sie unzugänglich gemacht. Also gab es keine Kontrolle, keinen Bezugspunkt mehr für ihr Pulsieren nach »außen« und für ihren Rückzug nach »innen«. Aggressives Angriffsverhalten wechselte sich mit völligem Rückzug und Abwehr ab. Die Klientin verhielt sich grenzenlos sich selbst und anderen gegenüber und schuf damit immer wieder neue Leere-Erfahrungen, denn ihr Verhalten, unter dem sie selbst sehr litt, war für andere Menschen oft nicht aushaltbar. Erfahrungen der Leere können zu Grenzenlosigkeit führen, denn Leere hat keine Grenzen. Leere hat kein Maß. Leere beinhaltet: keine Kontrolle, keine Kontrollmöglichkeit. Leere ist leer.

Der Heilungsweg für diese Frau war schwierig und zog sich über Jahre hin. Er war immer wieder von Unterbrechungen gekennzeichnet und sehr vielen Schwankungen. Ich wurde als Therapeut vergöttert und verdammt, angegriffen und mit Rückzug bestraft. Ich blieb beharrlich, auch wenn ich immer wieder einmal aufgeben wollte und mich kraftlos fühlte. Aber ich wollte versuchen, dieser Frau das zu ermöglichen, was sie als Kind und Jugendliche nicht hatte: eine stabile, verlässliche Beziehung. Therapeut*innen werden dabei immer wieder getestet und müssen viel aushalten. Für mich war es bei dieser Frau hilfreich – und das gilt für andere Klient*innen auch –, dass ich sie sympathisch fand und frühzeitig ihre sehr umfangreichen und vielfältigen kreativen Möglichkeiten und Kompetenzen sah und diese zu fördern versuchte. So konnte dieser Prozess von Erfolg gekrönt werden. Die Arbeit mit Menschen, die an Persönlichkeitsstörungen leiden, ist letzten Endes eine gemeinsame Arbeit am inneren Kern. Es geht darum, ihn aufzubauen, ihn zu schützen, ihn zu fördern und den Menschen die Erfahrung wohlwollender Beziehung zu ermöglichen.

Die gleichen Wurzeln gelten nicht nur für das Borderlinesyndrom, sondern auch für Menschen mit anderen Persönlichkeitsstörungen. Zur Symptomatik der narzisstischen Persönlichkeitsstörung gehört zum Beispiel, dass die Betreffenden sich über andere Menschen erheben. Sie brauchen es für ihre eigene Stabilität, dass andere erniedrigt werden. Sie brauchen das »Unten«, damit sie sich im »Oben« aufhalten können – sonst droht der Abgrund, sonst fallen sie ins Leere. Menschen mit solchen Persönlichkeitsstörungen begeben sich nach meiner Erfahrung nur äußerst selten in therapeutische Behandlung. Sie denken, andere hätten »so etwas« nötig, sie aber nicht. Sie nehmen nicht wahr, wie andere Menschen in ihrer Umgebung unter ihnen leiden. Ein Klient mit einer solchen Störung war bei mir in Therapie, nachdem er mit lebensgefährlichen Herzproblemen zusammengebrochen war. Nach mühevollen zwei Jahren war er in der Lage, sein Leben so zu beschreiben: »Ich jongliere auf einem Trapez über einer tiefen Schlucht. Unter mir ist nichts. Nichts.«

Ich bat einmal eine Klientin, ihren inneren Kern mit Ton zu gestalten, und es war ihr unmöglich. Der Ton zerbröselte in ihren Fingern. Ihre Erschütterung war deutlich spürbar. Wir beide bemühten uns in der Folgezeit darum, einen ihrer Brösel als unzerstörbaren Teil ihres inneren Kerns neu aufzubauen. Darum geht es letzten Endes – vor allem darum.

Die Leere-Erfahrung und der Ersatz des inneren Kerns durch Leere ist aus einer Beziehungserfahrung entstanden, oft schon in früher

Kindheit oder zumindest über jahrelange Erfahrungen in der Entwicklung des jeweiligen Menschen. Diese Erfahrungen schmerzen. Deswegen brechen manche dieser Menschen therapeutische Prozesse ab, weil die schmerzlichen Erfahrungen für sie nicht aushaltbar zu sein scheinen. Die Arbeit am inneren Kern und damit an der Begegnung mit der Leere, die zu seinem Schwinden geführt hat, braucht von beiden Seiten Vertrauen. Sie braucht Behutsamkeit und Zuversicht, damit sie gelingen kann.

Auch wenn die Folgen nicht so heftig sind, wie sie sich in Persönlichkeitsstörungen zeigen, können diese dennoch in Schädigungen des Kerns durch anhaltende Leere-Erfahrungen wurzeln. Es gibt ein ganzes Spektrum an Kern-Leere-Schädigungen. Sie umfassen nicht nur die Persönlichkeitsstörungen, sondern auch, dass Teile des Kerns durch Leere ersetzt wurden oder von Leere umhüllt werden. Hier ein Beispiel für eine besondere Form: Eine Frau sagte, dass sie meist durchaus wisse, was sie wolle. Ein Kernempfinden existierte also.

»Doch wenn ich dem nachgehen möchte, was ich will, dann verliert sich das, dann verliere ich mich. Was ich beabsichtige, versickert und ist dann verschwunden.« Sie war mit ihren Impulsen gegenüber ihrer Mutter ins Leere gegangen. Diese Impulse hatten keine Resonanz, kein Echo gefunden und waren »versickert«, so wie auch heute noch ihre Impulse und ihr Wollen versickerten.

Für andere Menschen wurde ihr Kern durch Leere-Erfahrungen so unbedeutend, dass er im Alltag verschwindet. Wenn sie zum Beispiel einen Impuls verspüren, der von ihrem inneren Kern ausgeht, beschäftigen sie sich sofort und intensiv mit den Fragen, welche Folgen denn die Erfüllung ihres Wunsches für andere Personen hätte und was die anderen überhaupt über ihren Wunsch denken würden. All dies überlagert den eigenen Impuls so sehr, dass er faktisch verschwindet. Er wird leer.

10 Die Tertiäre Leere: Verluste ohne Trost

Das Leben der Menschen ist begleitet von Verlusten. Ein Mann zum Beispiel hatte seine Ehefrau verloren. Die zwei Kinder sah er nur noch an jedem zweiten Wochenende. Innerhalb der konfliktreichen, doch immerhin auch geborgen und sich selbstverständlich anfühlenden Familienkonstellation entwickelten sich ein Alleinsein und eine Erfahrung von Leere. Da war niemand beim Frühstück und die selbstverständlichen Erfahrungen mit den Kindern mussten immer wieder erfragt und ausgetauscht werden. Viele Pläne und Hoffnungen zerstoben ins Nichts. Dieser Mann, einer meiner Klienten, hatte vor der Trennung viel gearbeitet. Er war, wie er sagte, »immer für die Familie da«. Und er habe versucht, sich dafür Zeit zu nehmen, doch zu besonderen Aktivitäten zur Stärkung und Entwicklung der familiären Beziehung war er nicht in der Lage gewesen, auch aufgrund seiner eigenen familiären Vorerfahrungen. Nun war der Verlust offensichtlich. Er wurde damit »nicht fertig«. Um nicht weiter in eine Depression zu rutschen, begann er die Therapie. Er suchte Hilfe. Als ich ihn fragte: »Mit welchen Menschen können Sie über Ihre Not sprechen? Wer kann Sie trösten?«, begannen seine Augen, sich mit Tränen zu füllen. Er realisierte, wie allein er war, und begann zum ersten Mal die Traurigkeit über seinen Verlust wahrzunehmen. Ein längerer Weg begann, den er mit meiner Unterstützung erfolgreich bestreiten konnte.

Dieser Mann hat wie viele andere Menschen Verluste ohne Trost erlitten. Dies nenne ich die »Tertiäre Leere«, die mir neben der Primären und Sekundären Leere am häufigsten in Therapien begegnet ist. Wenn wir etwas verlieren, brauchen wir Trost und Halt. Wenn wir beides nicht bekommen, weitet sich der Verlust zu einer Leere aus, welche uns Menschen zu verschlingen droht. Ein elfjähriger Junge war aus der Ukraine nach Deutschland gekommen, zusammen mit seiner Mutter und der Oma. Er war froh, den Kriegsgefahren entkommen zu sein, und gleichzeitig schmerzte ihn der Verlust seiner Heimat, seiner Freunde, seiner Geborgenheit. Ihm fehlte so vieles, und er wollte unbedingt zurück, Kriegsgefahren hin oder her. Er zog sich immer mehr zurück, aß wenig, verlor allmählich seine Spielfreude und seine Lebenslust. Im gemeinsamen Spiel mit drei anderen Kindern, die das gleiche Schicksal hatten, und mir zeigte er seine Angst, seine Heimat zu vergessen.

Ein weiteres Beispiel: Ein Mädchen hatte seine Großmutter intensiv geliebt und viel Zeit mir ihr verbracht. Nun starb die Großmutter, und das Mädchen durfte nicht mit zur Beerdigung. Die Eltern wollten ihm »das nicht zumuten«. Doch das Mädchen konnte sich so nicht von der Oma verabschieden, und der Kummer blieb. Wo früher die Oma gewesen war, blieb nun eine Leerstelle. Als Jugendliche verkündigte sie allen, ob sie es hören wollten oder nicht, dass das ganze Leben sinnlos sei, dass Beziehungen keinen Wert hätten und man »nur allein klarkommen« könne. Sie erhob die Leere zum Lebensprinzip.

Fatma Aydemir erzählt in ihrem Roman »Dschinns« von mehreren entwurzelten Personen einer türkischen Familie, darunter Peri: »Peri ist froh, dass sie ihre Gott-ist-tot-Phase hinter sich gelassen hat. Nicht dass sie ihn inzwischen gefunden hätte, diesen Gott, auf den man sich verlassen möchte. Aber noch anstrengender als missionarische Gläubige, die fortwährend von Dschinns und Dschahannam labern, sind selbstgerechte Nihilisten. Nachdem Peri eine ganze Weile als solche durch die Gegend gerannt ist und jedem, wirklich jedem, auf die Nase binden musste, wie sinnlos und leer das Leben ist, hat sie sich irgendwann wieder eingekriegt. Denn in der ganzen Überheblichkeit, mit der sie damals über das Denken und Leben ihrer Eltern die Nase rümpfte, checkte sie nicht, dass möglicherweise nicht jene Menschen zu bemitleiden sind, die Leere mit Glauben und Geschichten und Ritualen zu füllen versuchen, sondern eher jene, die diese Leere auf ein Podest stellen und anbeten und dabei jeden Bezug zu ihren Mitmenschen und deren Bedürfnissen verlieren.«[33]

---

33 Aydemir, Fatma: *Dschinns*, S. 187.

»Selbstgerecht« und »überheblich« – hinter dieser schnoddrigen und abwertenden Beschreibung von Peris Wirkung *während ihrer* »Gott-ist-tot-Phase« verbirgt sich das Gesicht der Leere und ignoriert die Not, die daraus erwächst. Die Trostlosigkeit, einmal entstanden, nährt sich immer wieder selbst und entfernt die Menschen voneinander.

Auch andere Menschen, die Verluste erleiden, brauchen Trost und Begleitung. Viele können manches nicht mehr leben, was sie bisher leben konnten oder zu leben erträumt hatten, weil sie zum Beispiel krank geworden sind. Wer chronische Schmerzen hat, kann keinen Berg mehr besteigen. Manche müssen aufgrund von Verletzungen ihre Sport- oder Musikerkarriere aufgeben oder werden aus beruflichen Tätigkeiten, denen sie gerne nachgegangen sind, hinausgeworfen. Solche massiven Verluste schaffen Leere-Erfahrungen und Leere-Erleben. Dabei werden auch alte Leere-Erfahrungen aus der früheren Biografie reaktiviert. Fatma Aydemir beschreibt in ihrem Roman auch das Erleben von Ünit, dem jüngsten Sohn der Familie: »Da ist eine Leere. Die ist schon seit einer ganzen Weile da, auch als sein Vater noch lebte.«[34] Die Verlustleere reaktiviert und verstärkt die alte Leere.

Es hilft, all dies zu wissen. Noch wichtiger als das Wissen ist die Erfahrung von Trost. Leere entsteht nicht allein aus Verlusten, sondern setzt sich in Menschen fest, die nicht getröstet werden. Trost bietet Geborgenheit, zumindest die Ahnung davon. Trost hilft Menschen mit schmerzhaften Verlusten, wieder Halt zu finden und wieder Zuversicht und Vertrauen in ihr Leben zurückzugewinnen.

34 Aydemir, a. a. O., S. 33.

11 Leere ohne Verlustgefühle

Habe ich im vorherigen Kapitel beschrieben, wie Verluste das Erleben von Leere beinhalten und Leere-Gefühle hervorrufen, so geht es hier darum, dass manche Menschen Leere erleben, ohne Verlustgefühle zu haben. Ein Beispiel soll das illustrieren:

Eine Frau Mitte fünfzig beklagte sich, dass sie sich so leer fühle. »Ich spüre mich oft gar nicht. Und ich weiß nicht, was ich will. Manchmal weiß ich auch nicht, was ich hier auf dieser Welt noch verloren habe.«

Ich fragte sie daraufhin: »Was haben Sie verloren in Ihrem Leben?«

Sie zögerte lange mit der Antwort, dann sagte sie: »Das weiß ich nicht. Die Lust und meine Neugier auf das, was mich so interessiert und ...«

Ich stellte ihr diese Frage, da ich oft beobachtet habe, dass Menschen, die sich verloren *fühlen*, etwas verloren *hatten* und dass solche überraschenden Fragen sinnvoll sind, um das grundsätzliche Gefühl des Verlorenseins zu würdigen und gleichzeitig mit konkreten Erfahrungen zu verbinden. Da ich in meiner Resonanz eine wachsende Traurigkeit im Kontakt mit dieser Klientin wahrnahm und vermutete, dass auch dieses Trauergefühl etwas mit Verlusten zu tun haben könnte, blieb ich hartnäckig und fragte weiter nach: »Wir Menschen haben alle in unserem Leben etwas verloren. Was fällt Ihnen ein? Nehmen Sie ernst, was Ihnen einfällt und in den Sinn kommt, ohne sich zu zensieren.«

Als Erstes fiel ihr ein, dass sie nach sechsjähriger Ehe ihren Mann verloren hatte, der sich in eine andere Frau verliebt hatte und ins Ausland gezogen war. Später dann, als ihre beiden Kinder erwachsen wurden und die gemeinsame Wohnung verließen, war das für sie ein »großer Verlust« und eine »Riesenumstellung«. An immer weitere Ereignisse erinnerte sie sich schließlich, als seien die Schleusen geöffnet worden, auch solche, die tief in ihr versteckt waren: »Ich habe sooo gern getanzt als Kind. Und ich bin so gerne aufgetreten bei irgendwelchen Feierlichkeiten, so ganz selbstverständlich. Naiv, würde ich heute sagen. Hab noch Fotos davon. Und dann … bin ich mit elf oder zwölf so plump geworden. ›Babyspeck‹, hat der Arzt gesagt, zu dem mich meine Mutter geschleppt hat. Und dann habe ich mich nur noch geschämt. Hab von heute auf morgen mit dem Tanzen aufgehört und jedes Vertrauen in meinen Körper verloren. Und …« – da wurden ihre Augen feucht – »die Freude am Tanzen. Oh Gott, wenn ich damit anfange …«

»Was ist dann?«, fragte ich nach.

»Dann fallen mir so viele Situationen ein, in denen ich mich furchtbar geschämt habe.«

»Und wie fühlen Sie sich jetzt? Am Anfang unserer Stunde sagten Sie, dass Sie sich so leer fühlen?«

»Nee, ehrlich gesagt«, sie lächelt ein bisschen bitter, »leer ist da nichts.«

Diese Frau hatte viel verloren, aber in ihren Erfahrungen nie einen Grund gesehen, um ihre Verluste zu trauern, und Menschen in ihrem Umfeld hatten nie einen Anlass gesehen, sie zu trösten. Den Schmerz über die Verluste hatte sie allmählich und zunehmend betäubt, sodass sie ihn in ein grundlegendes Empfinden verwandelte, selbst verloren gegangen zu sein. Die Beschäftigung mit dem, was diese Klientin konkret verloren hatte, ermöglichte ihr, zu trauern und dabei auch ihre eigenen Ressourcen und Kräfte, ihre Lebendigkeit freizulegen.

Eine andere Frau Anfang vierzig war beruflich selbstständig und sehr erfolgreich. Sie war charmant, konnte sich gut in Worten ausdrücken und über sich und ihre Situation reflektieren. In der Therapie wurde immer deutlicher, dass ihr »etwas fehlte«, schon ihr Leben lang, aber dass sie das, was fehlte, nicht benennen konnte. Diese Leerstelle konnten wir eine Zeit lang nicht ergründen. Die Ahnung, dass diese Leerstelle etwas mit ungelebter Trauer zu tun haben könnte, ergab sich, als sie von ihrer besten Freundin erzählte, die sie »verlassen« hatte, weil diese mit ihrer neuen Partnerin nach Griechenland gezogen war. Da wurde sie etwas traurig, doch diese Traurigkeit war seltsam gehemmt und blockiert. So fragte ich sie nach ihren Trauererfahrungen in ihrem Leben, woraufhin sie meinte: »Da war nicht so viel.« Und sie berichtete von einigen konkreten Situationen, bei denen sie »etwas traurig« gewesen sei.

Während eines unserer nächsten Treffen fragte ich sie, wie es denn damals gewesen war, als ihr Vater starb. Mir war von der vorherigen Stunde noch nachgeklungen, dass sie bei seinem Tod fünf Jahre alt war. Aber dies hatte sie so beiläufig dahin gesagt, als sei dies so etwas wie eine leicht schlechte Note auf einem Schulzeugnis gewesen.

Sie fragte sofort zurück: »Warum fragen Sie das? Das spielt doch keine Rolle. Ich erinnere mich nicht, dass das viel verändert hätte.«

Ich antwortete: »Mir fiel ein, dass Sie in unserer letzten Stunde den frühen Tod Ihres Vaters erwähnt haben. Ich vermute, dass das eine Situation war, in der es viel Traurigkeit gegeben haben könnte. Und ich bin einfach neugierig, wie damals mit der Traurigkeit umgegangen wurde. Ob das etwas mit der jetzigen Situation zu tun haben kann, weiß ich nicht.«

Und die Klientin erzählte daraufhin, dass damals die Trauer um den Vater »sehr eingesperrt« wurde. Sie durfte als Kind auch nicht mit zur Beerdigung, weil die Mutter meinte, das »wäre zu viel für mich«. Wahrscheinlich, so fiel der Frau nun ein, war es für die Mutter zu viel gewesen, und sie berichtete, dass über den Tod des Vaters nie geredet wurde. Sie habe als Kind gemerkt, dass das danach eine schwere Zeit war, und habe alles daran gesetzt, ihrer Mutter keinen Kummer zu bereiten, aber irgendwie hätten sich wohl alle »berappelt« und versucht, das Leben zu meistern.

Nach dieser Stunde erlebte ich die Frau in einer länger andauernden Trauerphase. Sie trauerte um ihren Vater und erinnerte sich nach und nach an mehrere Situationen nach dessen Tod, in denen sie den Vater gebraucht hätte. Sie suchte Fotos heraus, auf denen sie mit ihrem Vater zu sehen war und sie und der Vater gemeinsam lachten und spielten. Es gab wenige Fotos, aber immerhin, es gab sie. Was ihr lange gefehlt hatte, war der Vater oder eine Person in der Vaterrolle, mit der sie hätte spielen, an der sie sich hätte orientieren und mit der sie sich hätte reiben können. Das, was dieser Klientin gefehlt hatte und für sie ungelebt geblieben war, hatte sie bis dahin nicht mit dem Tod ihres Vaters in Verbindung gebracht. Wahrscheinlich lag das daran, dass die Trauer um den Vater nach dessen Tod nicht oder nicht genügend möglich gewesen war, sondern jede und jeder in der Familie damit allein blieb und versuchte, den Schmerz wegzusperren – und damit auch die Erinnerung an glückliche und liebevolle Momente, die durch die Leere überdeckt wurden.

Auch hier zeigt sich, dass sich unbetrauerte Verluste hinter einem Leere-Empfinden verbergen können. Die Verlustgefühle werden nicht gespürt, können nicht gespürt werden und bleiben zunächst durch das Leere-Erleben überdeckt. Fast immer in solchen Situationen begegnen wir dabei einem Umgang mit Verlusten, durch den es nicht zugelassen wurde, zu trauern, vor allem nicht gemeinsam zu trauern. Wenn Trauer nicht möglich ist, schleicht sich Leere in das Erleben der Menschen.

Eine besondere Schwierigkeit zu trauern bezeichnete ein Klient einmal als »Sehnsuchtstrauern«. Er hatte große Sehnsüchte (»Es zieht so im Herzen.«), ohne zu wissen, wonach er suchte. Wir suchten gemeinsam, doch fanden nichts heraus. Dabei wurde er immer trauriger. Als er ein Bild seiner Traurigkeit malte, war da viel schwarz, unterbrochen von einigen roten Sprenkeln. Die kleinen roten Flecken hatten es ihm angetan: »Die sind wie Rosen. Ich glaube, ja, Rosen, das sind sie, das ist meine Sehnsucht nach Liebe, und drumherum, das ist die Traurigkeit.«

Der Klient hatte eine Mutter, die ihn nicht lieben konnte. Doch er sehnte sich nach Liebe und war traurig, dass er sie nicht erhalten konnte. Dafür hatte er als Kind keine Worte und erst recht keinen Trost gefunden. Wie kann man um ein Nichts trauern? Er konnte darum nicht trauern. Wie kann man um etwas trauen, was nie da gewesen ist? Das ist zumindest sehr, sehr schwierig, denn das, was man verloren hat, ist nicht zu identifizieren, ist nicht benennbar, nicht greifbar, ist nicht handfest sinnlich erfahren worden. Die nicht vorhandene Liebe der Mutter war eine Leerstelle im Leben des Klienten, die er als Kind nicht wahrhaben konnte und auch als erwachsener Mann nur schwerlich wahrhaben wollte. Doch die Sehnsucht nach Liebe war vorhanden, immer verbunden mit der diffusen, unbenennbaren und ungreifbaren Traurigkeit. Erst in der therapeutischen Begegnung mit mir wurde spürbar, was er nie gehabt hatte und worauf er als Kind ein Recht gehabt hätte: die Liebe, die Sehnsucht und die Trauer.

12 Die »leere Person« – ungekannt und unerkannt

Wenn ich mit Klient*innen zu Themen der Partnerschaft und Familie arbeite, begegnen mir oft »leere Personen«. Als solche bezeichne ich nicht eine konkrete Person, sondern das Phänomen einer Leerstelle im Leben und Erleben eines Menschen. Manchmal wirken andere Personen undurchschaubar, sie wirken durchsichtig, nicht wirklich sichtbar und greifbar, »irgendwie leer«, wie ein Klient sich ausdrückte, und rufen Verunsicherung, Ratlosigkeit, ja sogar Verzweiflung hervor. Oder »leere Personen« treten als Phantome auf, die weder erkennbar noch greifbar sind, sondern allenfalls erspürt werden können. »Leere Personen« können eine große Bedeutung im Leben eines Menschen haben, weshalb ich sie hier näher beleuchten werde.

Eine Frau beschrieb ihren Partner so, als sei er »irgendwie nicht da«: »Er ist schon da. Ich kann ihn anfassen und fotografieren und so weiter. Doch wenn ich mit meinem Herzen zu ihm hin spüre, dann ist da niemand. Ich habe oft gedacht, dass das an mir liegt. Das macht mich verrückt.«

Wir unterhielten uns in der Therapiestunde darüber. Schließlich bat ich sie, doch einmal ihren Partner zu malen. Sie griff zu einem großen Blatt Papier, wählte flüssige Farben aus und begann, konzentriert zu malen. Als sie fertig war, fragte ich sie: »Was sehen Sie?«

Sie schaute sich ihr Bild erst aus der Nähe, dann mit etwas Abstand an und schüttelte schließlich den Kopf: »Das ist er nicht. Das ist er, und das ist er trotzdem nicht. So erscheint er nach außen. So wirkt er auf die anderen. Kraftvoll. Aber in Wirklichkeit ist er gar nicht so kompakt und kräftig.« Ihre Stimme wurde zunehmend leiser und zögerlicher.

Ich schlug ihr vor, das Bild ihres Partners »abzuziehen«: »Legen Sie ein weiteres Blatt auf das gemalte Bild. Drücken Sie es mit Ihren Händen mehr oder weniger fest und ziehen Sie es dann ab.«

Sie tat dies und sagte schließlich: »Das passt schon besser, viel besser.«

»Was sehen Sie?«, fragte ich sie erneut.

»Ich sehe Löcher, viele Löcher, Stellen, an denen nichts ist. Da ist viel drum herum, aber nichts drin ...«

»Was fehlt Ihnen an Ihrem Partner?«

»Ich weiß es nicht. Keine Ahnung«, antwortete sie und sah verwirrt aus.

Ich spürte in meiner Resonanz etwas Verwirrung, auch Traurigkeit und noch ein anderes, aber nicht greifbares Gefühl. Ich schlug ihr vor, das Bild auf Augenhöhe an der Wand zu befestigen, sich vor das Bild zu stellen, es zu betrachten und dabei eine Hand irgendwo auf ihren Körper zu legen, wo sie ihren Atem gut spüren konnte. Und ich bat sie, darauf zu achten, was in ihr dabei entstand – welches Gefühl, welcher Impuls, welches Bild.

Sie legte eine Hand auf ihr Bauchfell, die andere zwischen ihre Schlüsselbeine und suchte nach dem für sie stimmigen Abstand zu dem Bild. Nach einigen Atemzügen begann sie zu weinen, leise, aber stetig: »Mir fehlt Liebe, liebevolle Zuwendung, Fürsorge. Ja, vor allem Fürsorge. Er vertraut immer darauf, dass ich alles selbst schaffe. Das ist ja auch gut so. Aber ein bisschen Kümmern ist doch nicht zu viel verlangt? Mal zu fragen: ›Wie geht es dir?‹ und sich auch wirklich für die Antwort zu interessieren. Irgendwie tut das weh. Ich lebe mit einem Partner, von dem ich nicht weiß, ob überhaupt so etwas wie Liebe und Fürsorge in ihm wohnt. Aber es tut gut, das auszusprechen.«

Ihr fielen weitere Menschen ein, mit denen sie ihr Leben geteilt hatte, die sie auch als »irgendwie löcherig«, auch als »leere Personen« wahrgenommen hatte und die nicht in der Lage gewesen waren, Interesse an ihr fühlbar zu leben. Immer hatte sie gedacht, das läge an ihr, dass etwas an ihr »nicht stimme«, sie »etwas falsch« mache und das ihre »Macke« sei. In der Folgezeit änderte sich einiges. Sie konnte allmählich ihre Sehnsucht spüren und Wünsche formulieren und zu ihnen stehen. Schließlich konnte sie auch Forderungen stellen und das ausdrücken, was sie in der Partnerschaft von ihrem Mann erwartete. Ihr Mann verstand sie nicht, er konnte sie nicht verstehen, dazu war seine »Löchrigkeit« zu ausgeprägt, waren seine eigenen Leere-Erfahrungen offensichtlich zu prägend gewesen. Aber er hörte ihr zu, war erstaunt, verwirrt und ein wenig erschrocken. Daran spürte sie seine Ernsthaftigkeit, seine Zugewandtheit und sein Interesse an dem, was sie sagte. So konnten sie beginnen, miteinander zu lernen. Beide wurden dadurch reicher.

»Leere Personen« spielen auch oft in der Familiengeschichte eine wichtige Rolle. Ein Mann erzählte zum Beispiel von seinem Onkel: »Über ihn wurde nie geredet. Wenn er auf einem Foto zu sehen war und ich als Kind fragte, wer das denn sei, dann hörte ich nur, dass er früh gestorben ist. Selbst der Name wurde nur sehr selten ausgesprochen. Er war nur ein Schatten in der Familie. Später erfuhr ich, dass er sich mit zwanzig Jahren aufgehängt hatte. Das war ein Tabu.«

Vielleicht wollten seine Eltern meinen Klienten als Kind schonen und ihm die Geschichte von einem Suizid nicht zumuten. Vielleicht war der Selbstmord des Onkels aber auch ein Anlass für Scham und Gefühle der Schande, sodass dessen Existenz und Geschichte tabuisiert wurden. Er wurde so zu einer Leerstelle, zu einer »leeren Person«, doch gleichzeitig war er ein Teil der Familiengeschichte.

Kinder und Erwachsene spüren, dass da etwas ist, dass etwas »nicht stimmt«. Sie interessieren sich dafür und gehen mit ihrem Interesse ins Leere. Manchmal prallen sie ab und werden buchstäblich zurückgestoßen. Dadurch erhalten die »leeren Personen« womöglich eine noch größere Bedeutung, als sie gehabt hätten, wenn darüber gesprochen worden wäre und sie einen Platz in der Familie bekommen hätten.

Als Therapeut habe ich gelernt, nach solchen »leeren Personen« Ausschau zu halten bzw. Menschen, die ich begleite, darin zu unterstützen, dies zu tun. Zum Beispiel arbeite ich dann mit gewichteten Genogrammen[35] oder bitte einfach darum, die Personen, die zur eigenen Familiengeschichte gehören, aufzuschreiben oder zu malen. Dabei stoße ich fast immer auf »leere Personen«, also auf Menschen, deren Identität und Bedeutung unklar ist und diffus bleibt. Manche werden tabuisiert oder wurden ausgestoßen.

35 Baer, Udo: *Familientherapie. humanistisch – leiborientiert – kreativ.*

Diese »leeren Personen« prägen meiner Erfahrung nach oft das Beziehungsverhalten von Menschen und beeinflussen sehr intensiv und nachhaltig deren Beziehungen zu anderen. Wie das konkret geschieht und welche Folgen das dann hat, ist unterschiedlich. Oft berichten Klient*innen, dass die Erfahrung, »leere Personen« im eigenen Umfeld zu haben oder gehabt zu haben, zu einer massiven und chronischen Selbstverunsicherung führte, unter der sie leiden und die ihre aktuellen Beziehungen beeinträchtigt. Manche leiden darunter, dass sie immer wieder auf »leere Personen« hereinfallen. Wir neigen unbewusst dazu, mit den Menschen Beziehungen einzugehen, an denen uns etwas vertraut ist. Wir vertrauen ihnen oft, auch wenn sie uns auf Dauer Schaden zufügen. Personen mit Leere-Erfahrungen werden dann enttäuscht, denn »eigentlich« sehnen sie sich nach greifbaren, lebendigen Menschen mit klaren Konturen, die ihnen Halt geben können.

Wie gesagt: Die konkreten Folgen der Erfahrung mit »leeren Personen« sind bei den einzelnen Menschen unterschiedlich, und daraus ergeben sich jeweils unterschiedliche Wege, die Leerstellen im Erleben neu zu besetzen. Dazu ist es notwendig, im ersten Schritt dem Empfinden einer Leerstelle Raum zu geben.

13 Depression und Leere – wenn das Pulsieren erstirbt

Ich sage nicht, dass jede Depression durch Leere-Erfahrungen begründet werden kann, aber ich bin sicher, dass es sinnvoll ist, bei Menschen, die an Depressionen leiden, deren Leere-Erfahrungen zu erkunden und darauf einzugehen – und dass professionelle Helfer*innen dazu verpflichtet sind, dem nachzugehen.

Ein Mann Anfang dreißig hatte seit drei Jahren eine Schreinerei als Inhaber übernommen. Er lebte mit einer Frau und zwei Kindern, die er liebte, in einer kleinen Stadt und war äußerlich erfolgreich. Doch innerlich, und dann zunehmend in seinem Verhalten auch für andere sichtbar, wurde er immer depressiver. In der Therapie begegnete dieser Klient unterschiedlichen intensiven Leere-Erfahrungen. Eine davon ist mir besonders in Erinnerung geblieben: Er war der Jüngste von vier Geschwistern, ein »Nachkömmling«. Die Eltern besaßen ein Geschäft. Nach der Schule ging er in dieses nahe gelegene Geschäft und wurde dort immer wieder übersehen, manchmal auch vergessen, wenn er darauf wartete, dass Vater oder Mutter die Zeit finden würden, mit ihm in die weit entfernte Wohnung zu gehen und ihm und sich etwas zu essen zuzubereiten. Aus dieser Situation kam er nicht heraus, er musste abwarten, passiv bleiben, war von anderen abhängig. Das führte dazu, dass er sich eingeengt fühlte, und die Enge wurde ein Kernmerkmal seiner späteren Depression.

Wir Menschen pulsieren nach außen und innen, und ein Kernmerkmal der Depression besteht darin, dass dieses Pulsieren erstarrt ist und der Mensch sich in seinem Erleben eingeengt fühlt. Das Zeiterleben erstarrt oder erstirbt, Vergangenheit und Zukunft spielen keine Rolle mehr, Zeit wird bloß noch ausgehalten. Die Wirklichkeit wird dann als

Nichtwirklichkeit erlebt, als unendlich, ohne Grenzen, leer und weiß, wie die Lyrikerin Hertha Kräftner beschreibt:

Das sind die Feste, die uns nie geschehen:
auf denen wir in unbekannten Tänzen
durch fremde, blaue Säle wehn,
wo unsagbare Lieder aus den Geigen glänzen,
vor deren Süßigkeit wir nicht bestehen,
und die Nichtwirklichkeit sich ohne Grenzen
in Spiegeln wiedersieht, in deren Weiß wir untergehen.[36]

Der Mann, der als Junge von den Eltern immer wieder übersehen worden war, hatte von klein auf die Notwendigkeit gelernt, zu warten, sich in der »leeren Zeit« einzurichten und diese Zeit auszuhalten, bis jemand anderes kam und sich um ihn kümmerte. Er musste warten, bis »Zeit für ihn ist«. Gleichzeitig spürte er den elterlichen Druck, schnell die Schule und die Ausbildung zum Schreiner zu absolvieren, weil die Eltern, wie er vermutete, sich schon alt fühlten und unsicher waren, wie lange sie für ihn, den »Nachkömmling«, sorgen könnten. Auch dies hinterließ Spuren. Das, was in seinem bisherigen Leben zu kurz gekommen war, verfestigte sich in den depressiven Tendenzen.

In der Therapie wurde deutlich, wie sehr er seine eigenen kreativen Neigungen und Ansätze zurückgestellt hatte und wie intensiv er sich zensiert hatte, wenn ihm Impulse und Neigungen erwuchsen, die nicht in die (vermeintlich) vorgegebenen Abläufe und Zeitfolgen passten. Er fand seine Impulse wieder und konnte sie nach und nach leben. Damit verringerte sich seine Starre in der Depression, und das Pulsieren wurde wieder lebendig, langsam, oft schmerzlich, Angst erregend und in Wellen, aber stetig. Das Gefühl, leer zu sein und nichts mehr zu können und nichts mehr zu wollen, wurde ersetzt durch eine Vielfalt anderer Regungen und Begegnungserfahrungen, die die Leere besetzten.

Meine Erfahrungen in der Begleitung von Menschen mit Depressionen lassen den Schluss zu, dass die leere Zeit, der leere Wille, die leeren

36 Kräftner, Hertha: *Kühle Sterne.*

Neigungen, die alle Anzeichen der Depression sind, oft eine Vorgeschichte von Leere-Erfahrungen haben. Es lohnt sich, danach Ausschau zu halten.

14 Die erzwungene Leere und die Diktatur des Willens

Viele Diktaturen versuchen, »neue Menschen« zu schaffen. Ganz gleich, ob in der chinesischen Kulturrevolution, in der Sowjetunion zur Zeit des Stalinismus, im heutigen Iran (2023) oder im nationalsozialistischen Regime – in diesen und anderen totalitären Regimen sollen Menschen sich auf eine vorgegebene Norm hin verändern. Diese Normierung bedeutet Zwang. Und sie beinhaltet, dass das »Alte« im Menschen ausgetrieben werden soll, das »Falsche«, das »Sündhafte«, alles, was dem Bild der neuen Norm nicht entspricht. Dazu werden Vertreter des Alten eingesperrt oder getötet.

Das »Neue« zu schaffen und den Menschen »das Alte« auszutreiben, bedeutet, die Menschen leer zu machen, zwangsweise leer zu machen. Bestimmte Gedanken dürfen nicht mehr gedacht, Handlungen nicht mehr vollzogen, Bedürfnisse nicht mehr gelebt oder gar wahrgenommen werden, Gefühle nicht gezeigt oder geteilt werden ... Das ist Gewalt, massive anhaltende Gewalt. Da gibt es nichts zu beschönigen, ganz gleich, als wie edel die Ziele der neuen Gesellschaft, der »neuen Menschen« verkauft werden.

Solchen Prozessen der »Entleerung« und »Neubesetzung« bin ich allerdings auch in abgeschwächter Form in der therapeutischen Begleitung von Klient*innen begegnet, die in fundamentalistische Strömungen – ganz gleich, ob religiöser oder politischer Art – hineingeboren, hineinerzogen wurden oder hineingewachsen sind. Nach meinem Erleben lässt ihr Leiden, ihre massiven Selbstzweifel, ihre fundamentale Selbstverunsicherung, ihre tendenziell selbstzerstörerische Anklage gegen ihr vermeintlich selbst verschuldetes Unglücklichsein, ihr Vertrauensverlust in sich selbst und in die Welt den Vergleich zu mit den

Erfahrungen in Diktaturen, wie ich ihn hier ziehe. Ich habe mit Opfern gesellschaftlicher Diktaturen ebenso gearbeitet wie mit Menschen, die im familiären Kreis oder in sektenhaften Milieus Umerziehungserfahrungen ausgesetzt waren. Die Folgen und das Leiden waren ähnlich. Ihrem Überlebenswillen, sich in Würde aufzurichten, galt und gilt meine Hochachtung. Sich den Folgen solcher Erfahrungen zu stellen, kann nicht alleine gelingen, sondern braucht stützende Begleitung – und eine große Willenskraft.

Diese Willenskraft, dieser Wille zu einem neuen, selbstbestimmten Leben, was immer jeder einzelne Mensch darunter verstehen mag, hat eine andere Qualität als der »Willen«, der unter diktatorischen Verhältnissen den »entleerten« Menschen »neu besetzen« soll. Diesen Willen zu propagieren, bezeichne ich als »Kult des Willens«. Mao Tse-tung hat im »kleinen Roten Buch«, das auch bei uns millionenfach geschwenkt und gelesen wurde, während der Kulturrevolution geschrieben: »Für Menschen starken Willens ist nichts unmöglich.« Die Nationalsozialisten proklamierten den Triumph des Willens. Und Stalin und seine herrschende Schicht forderten, dass durch Anstrengungen und Willenskraft Fünfjahrespläne in drei oder vier Jahren erfüllt werden sollten.

Manchen Menschen, die ich begleiten durfte, ist der eigene Wille schon sehr früh in seinen ersten Regungen erstickt oder ausgetrieben worden. Sie mussten sehr früh lernen, dass es keine eigenen Bedürfnisse zu geben hat und dass sie sich mit erzwungener Willenskraft den Gesetzen ihrer Umwelt zu unterwerfen haben. Der Preis, den sie zahlen, ist der einer unmenschlichen Anstrengung.

In abgeschwächter Form begegnen wir dem Kult des Willens auch im heutigen Alltag. Ich finde, auch da treibt er sein Unwesen, wenn er zum Dogma wird und sich in der Formel äußert: »Nicht-Können gibt es nicht. Du musst nur wollen!« Diese Haltung ignoriert, dass eben nicht alles über den Willen und die Anstrengung zu bewältigen ist, und produziert damit Versagensängste und Schuldgefühle. Nur auf den Willen zu schauen, vernebelt oft auch den Blick auf die Hindernisse, die im Leben auftreten. Nur auf den Willen zu schauen, macht auf Dauer die Menschen klein.

Für manche Menschen ist die Willenskraft eine wichtige Unterstützung, um aus entwürdigenden Verletzungen, einschließlich Leere-Erfahrungen und deren Folgen, herauszufinden. Regelmäßiger Sport kann zum Beispiel helfen, sich zu spüren, Erfolgserlebnisse zu haben und Begegnungen mit anderen Menschen zu schaffen. Sich in freier Entscheidung auszuprobieren in dem, was man kann und mag, kann dazu beitragen, das eigene Leben mehr in die Hand zu nehmen.

Gleichzeitig gilt: Nicht alles ist über den Willen zu regeln. Und es ist auch nicht alles mit Willensanstrengungen zu schaffen. Viele Menschen scheitern in ihren Vorhaben. Dann fällt das Bemühen oft wie ein Kartenhaus in sich zusammen. Mit dieser Erfahrung lauert die Gefahr, dass sich der Abgrund der Niederlage auftut und sich mit Schuldgefühlen füllt, sich nicht genug angestrengt zu haben. Bemühungen des Willens sind durchaus positiv, aber sie können eine Schattenseite haben, wenn sie zum Kult werden.

TEIL C

Wenn Menschen in der Partnerschaft ins Leere gehen

1 Wie sich Leere auswirkt – von der Hilflosigkeit bis zur lärmenden Stille

Wenn Menschen in der Partnerschaft ins Leere gehen, kann das sehr unterschiedliche, fast immer aber sehr leidvolle Auswirkungen haben. Einige Beispiele:

Eine Frau, die seit acht Jahren mit ihrem Mann verheiratet ist, erzählte: »Es ist, als würde ich immer gegen eine Wand rennen. Manchmal ist die Wand sehr hart, und ich schürfe mir alles auf und tue mir weh, manchmal wirkt sie wie aus Gummi, aber in jedem Fall komme ich nicht durch. Die Wand ist undurchdringlich. Ich habe schon alles versucht, aber nichts hilft. Ich komme mir dabei immer kleiner vor, weil ich es nicht schaffe, weil ich es offenbar für meinen Mann nicht wert bin, dass er mich sieht oder hört, dass er mich ernst nimmt oder irgendwie auf mich eingeht ...«

Wenn Menschen in der Partnerschaft in die Leere gehen, dann erniedrigt sie das, und sie fühlen sich wie diese Frau, als würden sie immer kleiner werden. Hilflosigkeit macht klein. »Ich bin es nicht wert, dass man mich beachtet« – das ist das häufige Resultat solcher Erfahrungen.

Ein Mann bemühte sich sehr, dass seine Partnerin seine Liebe sieht und anerkennt. Er überhäufte sie mit Geschenken. Wenn sie gemeinsam in der Stadt bummeln gingen, kaufte er ihr neue Kleidung oder Schmuck, während er für sich nichts wollte. »Ich brauche nichts«, sagte er, dachte aber, dass das Geld für beide nicht reichen würde. Er freute sich, wenn seine Partnerin sich freute und ihn in solchen Momenten verliebt anschaute.

»Doch das hält sich nicht. Am nächsten Tag ist alles wie vorher«, stellte er fest. Er strengte sich immer mehr an, indem er versuchte, so erfolgreich in seiner Arbeit zu werden, dass er viel Geld nach Hause bringen konnte. Er übernahm Aufgaben im Haushalt, und wenn sie unterwegs war, räumte er auf und erledigte Umbauten, von denen sie schon lange geredet hatten. »Doch manchmal merkt sie das gar nicht, was ich gemacht habe. Sie guckt gar nicht hin oder ignoriert das. Ich weiß es nicht. Jedenfalls sagt sie nichts dazu«, erklärte er in der Therapie.

Wie dieser Mann strengen sich viele Menschen an, die ins Leere gehen. Sie sind nicht nur streng mit sich, um keine Fehler zu machen und in ihrem Willen nicht nachzulassen, sondern gehen oft dabei auch an oder über die Grenze der Erschöpfung hinaus. Doch mehr von etwas, das nicht hilft, hilft auch nicht. Auch mit ihren Anstrengungen gehen sie ins Leere und ermüden zunehmend.

Manche ermüden dann in der Partnerschaft und geben sich mit Krümeln zufrieden. Ein kleines Lächeln, eine kleine Aufmerksamkeit, eine kleine Zuwendung erhält dann eine Bedeutung über jedes Maß hinaus. Wie schon erwähnt, ist die Leere maßlos, und auch das Gefühl für das Maß in der Begegnung und in der Partnerschaft gehen oft den Partnern oder Partnerinnen verloren.

Oft mündet die vergebliche Anstrengung in Verzweiflung. Die Verzweiflung enthält Zweifel an sich selbst – »Ich reiche nicht, ich schaffe das nicht« – und auch Zweifel an der Partnerschaft, an der Liebe, an der Zukunft. Manche Menschen ziehen daraus die Konsequenz, sich zu trennen. Andere »halten aus«. All das ruft tiefe, ja existenzielle Erschöpfungszustände hervor, die oft in Erkrankungen ihren Ausdruck finden.

»Als ich krank geworden bin«, erzählte eine Frau, »dachte ich erst, das liegt daran, dass ich zu viel gearbeitet hätte. Aber in der Kur merkte ich, dass das nicht stimmte. Wir sollten mal alles aufschreiben und aufmalen, was uns belastete. Ich schrieb erst sehr viel auf, doch als ich dann gewichten sollte, worin die schwerste Last besteht, merkte ich, dass das meine Ehe war. Zum ersten Mal seit Jahren konnte ich vor mir selbst wirklich zugeben, dass das nicht mehr lief, dass ich nicht mehr an meinen Partner herankam, dass ich das Gefühl hatte, dass wir uns nur noch am Abgrund herumhangeln und es mich eine Wahnsinnsanstrengung gekostet hat, nicht in ihn hineinzustürzen. Ich habe mir vorgenommen, meinen Mann zu fragen, ob es ihm genauso geht. Viel Hoffnung habe ich nicht. Ich befürchte, dass er mich nicht versteht. Ich vermute, dass ich wieder gegen eine Wand des Schweigens laufe, dass er wieder unberührbar ist. Aber dann habe ich es wenigstens versucht und weiß Bescheid.«

Häufig wird in Ehen nicht mehr wirklich miteinander gesprochen. Manchmal wird geschwiegen, oft wird aber auch über alles Mögliche geredet, nur nicht über das, was die Partner*innen bewegt. Verletzungen werden übergangen, Vorwürfe werden tabuisiert, Streitpunkte ausgeklammert. Irgendwann bricht all dies dann hervor – durch stille Gewalt oder durch laute.

Ein Ehepaar beschrieb einmal, dass zwischen ihnen eine »lärmende Stille« herrsche. Das Schweigen fühlte sich so an, als stünden in dem Schweigen und hinter dem Schweigen lautstarke Schreie, vielleicht Schreie der Vorwürfe, Schreie der Verzweiflung, Schreie der Schuldgefühle oder der Anklage. Eine solch lärmende Stille schafft eine Atmosphäre, die durch Hochspannung und zunehmende Aggressivität gekennzeichnet ist. Irgendwann wird sie unaushaltbar. Und wenn sie sich nicht entlädt, ergreift mindestens einer der Beteiligten die Flucht.

Wenn Menschen schweigen, kann dies sehr unterschiedliche Qualitäten beinhalten. Man kann ruhig nebeneinandersitzen und sich gemeinsam auch ohne zu reden entspannen. Man kann mal über etwas hinweggehen mit Notlügen oder Vertuschungsversuchen. Man kann sich zärtlich anschauen und aneinander anlehnen, auch ohne Worte ... Die lärmende Stille allerdings ist massive hochenergetische und aufgeladene Beziehungsleere. Manche der Betroffenen kennen eine solch lärmende Leere auch aus ihrer eigenen Geschichte, für andere ist es in der Partnerschaft eine neue Erfahrung.

Die Schlussfolgerung liegt auf der Hand: Menschen in Partnerschaften sollten miteinander reden, und zwar gerade über das, was ihnen schwerfällt, auszudrücken und zu besprechen.

2 »Warum passiert das immer mir?«

Eine Frau erzählte[37]: »Ich gerate immer an die gleichen Männer. Am Anfang sieht das alles ganz toll aus, doch dann, nach einer Weile wird der Graben zwischen uns immer größer, die Liebe wird kälter, und aus der Distanz entsteht irgendwann so etwas wie eine Art Abgrund. Wir erreichen uns nicht mehr, und ich fühle mich verraten und veräppelt und bin furchtbar enttäuscht.«

Wir redeten in der Therapie weiter darüber, und ich bat sie schließlich, zwei Bilder zu malen. Als Erstes ein Bild von sich, konkret oder abstrakt, einfach mit den Farben und in den Formen, die ihr dazu einfielen und wie sie ihr aus der Hand flossen. Sie malte, und wir sprachen darüber, was sie und wie sie sich sah, und ihr kam dabei manches vertraut und manches neu vor.

Dann bat ich sie, ein zweites Bild zu malen, entweder ein Bild ihres letzten Partners oder ein Bild »der Männer«, also ein Bild für »immer die gleichen«. Sie malte spontan drauf los, kleckerte Farben, vermischte sie, strich und kratzte mit einer Spachtel mit unterschiedlichem Druck über das Bild. Sie legte noch mehrere Blätter an, es wurde ein relativ großes Bild. Und auch dieses Bild schaute sie sich danach aus verschiedenen Perspektiven an. Irgendwie konnte sie mit diesem Bild zunächst nicht viel anfangen. »Es ist so groß, aber irgendwie nicht zu greifen«, meinte sie. Sie erzählte, dass das mit ihrem letzten Partner so gewesen sei, aber auch schon mit denen davor – es wiederholte sich, dass »diese Typen sich entzogen« und die irgendwann »nicht mehr zu greifen« waren.

---

37 Wenn sich manche Geschichte hier gleichen, liegt das daran, dass so viele Menschen über ähnliche Erfahrungen berichten. Ich versuche hier, jeweils andere Aspekte zu beleuchten.

Ich fragte sie nach ihrem Elternhaus und ob es da auch Menschen gab, die nicht zu greifen gewesen waren. Ihre Antwort: »Na klar, mein Vater, und meine Mutter letzten Endes irgendwie auch. Die waren beide da und nicht da. Bei meinem Vater war das offensichtlich. Der versteckte sich hinter seiner Arbeit und seiner Zeitung. Und wenn ihm etwas zu viel wurde, ging er einfach Tennis spielen und war weg.« Und später fügte sie hinzu: »Bei meiner Mutter war das etwas anders. Die tat immer so, als würde sie sich für mich interessieren und sich um mich kümmern, aber sie hörte eigentlich gar nicht zu. Und von ihr wusste ich nichts, eigentlich gar nichts. Sie war nur Fassade. Ja, stimmt: auch nicht zu greifen.«

Schließlich kamen wir zurück auf die beiden Bilder, die sie gemalt hatte. In ihrem eigenen Bild entdeckte sie viel Anstrengung, die sie als Kind aufgewendet hatte, um ihren Eltern nahezukommen, bis sie schließlich irgendwann resigniert hatte und ihren eigenen Weg ging. Als sie davon berichtete, wurde sie sehr traurig, zum ersten Mal seit vielen Jahren.

Ich fragte sie, ob es auch in ihrem Bild enthalten sei, dass die Eltern »nicht zu greifen« waren und sie ins Leere gegangen war.

»Ja, die Leere, die ist hier in diesem Hellblau. Das verschwimmt so richtig, ein bisschen wie ein Nebel«, war ihre Antwort.

Ich bat sie dann, auf das Bild ihres letzten Partners zu schauen, und sie entdeckte sofort ebenfalls eine hellblaue Fläche: »Da scheint das Hellblau ganz ähnlich zu sein wie bei mir auf meinem Bild, ein bisschen grauer, ja, mit grau gemischt, aber es wirkt ganz ähnlich, auch nicht zu greifen. Auch viel Leere.«

Wir beschäftigten uns weiter damit, und sie fand zumindest den Anfang einer Antwort auf ihre Frage: »Warum passiert das immer mir?«

Viele Menschen haben wie diese Frau ein Thema, unter dem sie leiden und das sie in die Therapie mitbringen. Für sie bestand es darin, dass eine für sie wichtige und geliebte Person nicht zu greifen war und sie mit ihren Bedürfnissen oft ins Leere ging. Oft wird dieses Thema in der Resignation verschüttet, doch es bleibt existent. Wenn sie einen Partner oder eine Partnerin suchen, finden sie oft solche Menschen unbewusst attraktiv, die ähnliche Erfahrungen mitbringen wie sie selbst, also auch die Erfahrung gemacht haben, ins Leere zu gehen. Das ist ihnen vertraut.

Gleichzeitig versprechen sie sich – ebenso unbewusst – von dem gewählten Partner oder der gewählten Partnerin, dass »dieses Mal alles anders« sein wird, sie aus der Leere gerettet werden und die bislang vergeblichen Bemühungen, die Beziehungsleere durch Beziehungsreichtum zu ersetzen, diesmal gelingen werden.

Doch sehr häufig erweist sich die Rettungserwartung als Illusion. Es bleibt dann die gemeinsame Erfahrung, dass die Menschen durch Leere-Erfahrungen geschädigt sind. Und diese Leere wird dann auch in der Partnerschaft wieder lebendig. Nach einer Trennung wiederholt sich oft dieser Prozess erneut, sodass eine Kette leidvoller Erfahrungen entsteht.

Um diesen Prozess zu stoppen, sind zwei Aspekte wichtig. Der Erste besteht darin, dass diese Personen wie die zitierte und beschriebene Frau Spuren von Erfahrungen nachgehen, die den frühen kindlichen und jugendlichen Erfahrungen ähneln und die sie auch mit ihren Partnern oder Partnerinnen machen. Und der zweite Aspekt ist die Suche danach, welche bedeutsamen leiblichen Erfahrungen beide Partner*innen in ihrer Biografie gemeinsam haben. Dieser Spur nachzugehen, eröffnet nicht nur Möglichkeiten der Selbsterkenntnis, sondern kann auch das Verhalten und die Erwartungen möglichen Partnerinnen und Partnern gegenüber verändern. Manchmal hilft dies sogar, eine bestehende Beziehung, die durch Leere-Erfahrungen geprägt ist, zu retten, indem in der Partnerschaft darüber gesprochen und gestritten und all dies gefühlt und gespürt wird. Zumindest aber kann das die Resignation überwinden und bei einer neuen Partnersuche ermöglichen, dass ein kleiner Schritt beiseite möglich wird, der dann den Blickwinkel um einige Grad verschiebt und erweitert. Das eröffnet Menschen dann die Möglichkeit, andere Partner*innen in die nähere Auswahl zu nehmen. Dieser zweite Aspekt ist so wichtig, dass er ein eigenes Kapitel wert ist.

3 Die eigenen Leere-Erfahrungen und die der anderen

Wir Menschen reagieren auf andere, indem wir mit unseren Impulsen auf deren Impulse antworten: mit Worten, mit Handlungen, mit Gefühlen und anderem mehr. Diese Art der Resonanz, des Hin-und-her-Klingens und -Schwingens nennen wir Response-Resonanz. *Response* bedeutet »Antwort«.

Unterhalb dieser Ebene der Response-Resonanz gibt es eine andere Qualität der Resonanz: Zwei Menschen schwingen gemeinsam, schwingen synchron. Diese Synchron-Resonanzen sind oft verdeckt. In dem Beispiel der Partnerschaft, die ich im vorherigen Kapitel beschrieben habe, existierten Synchron-Resonanzen aus den jeweiligen Leere-Erfahrungen, die der Mann und die Frau in ihrer Geschichte machen mussten. Diese Leere-Erfahrungen hatten nicht nur eine Bedeutung für das Zusammenkommen und Entstehen dieser Partnerschaft, sie begleiteten auch (meist leidvoll) das Zusammenleben. Wenn die Frau vonseiten ihres Partners die Erfahrung machen musste, dass sie ins Leere geht, hat sie das verletzt. Diese Verletzung erhielt eine stärkere Bedeutung über die aktuelle Situation hinaus, weil darin ebenfalls die Verletzungserfahrungen der Leere durch ihre Eltern lebendig wurden und in die Resonanz einflossen. Umgekehrt war es bei dem Partner, wie sich später herausstellte, auch so, dass er immer wieder Angst hatte, seiner Frau nicht zu genügen. Das war seine Form der Leere-Erfahrung, die er als Kind machen musste: »Ich genüge nicht, also werde ich nicht beachtet.« Über solche gemeinsamen Erfahrungen »erwischten« sich Mann und Frau sehr häufig, was das Zusammenleben schließlich immer unerträglicher werden ließ.

Solche Synchron-Erfahrungen können in unterschiedlicher Form ihre Wirkung entfalten. Ich habe Partnerschaften kennengelernt, in denen beide Beteiligte im frühen Kindesalter einen Elternteil verloren hatten oder mehrmals die Heimat verlassen mussten. Traumata, auch transgenerative Traumata und damit einhergehende unbetrauerte Verluste als Leerstellen waren dann oft das Element der Synchron-Erfahrungen in der jeweiligen aktuellen Partnerschaft.

Sehr häufig sind die schon erwähnten Leere-Erfahrungen ein Kernbestandteil der Synchron-Resonanzen. Ein Mann erzählte zum Beispiel: »Wenn ich etwas von meiner Frau möchte und ihr etwas von mir erzählen möchte, dann ist sie weg. Dann ist sie plötzlich mit etwas anderem beschäftigt, wird nervös oder geht buchstäblich nach draußen oder in einen anderen Raum. Das verletzt mich. Sie hat mir ja mal erzählt, dass sie von ihrer Mutter immer wieder mit deren Angelegenheiten vollgeschüttet wurde und dass sie das überfordert hat. Wenn sie dann als Kind oder Jugendliche darauf reagieren wollte, war die Mutter weg. Vielleicht schützt sie sich dadurch, dass sie jetzt auch bei mir abhaut, wenn es ernst wird. Ich weiß es nicht. Darüber können wir nicht reden. Leider.«

Und als ich ihn dann fragte, in welcher Weise er sich schützt, antwortete er: »Ich haue auch ab, aber anders. Ich habe früher resigniert. Ich bin bei meinem Vater immer vor die Wand gelaufen. Völlig. Der hat mich manchmal angeschaut, als wollte er von mir was wissen. Aber wenn ich dann was von mir gezeigt habe, war es aus. Ich habe gekämpft wie ein Löwe, aber ich habe nichts erreicht. Ich habe absolut nichts erreicht. Schließlich fing er an zu trinken, wurde Alkoholiker, und da war es dann ganz aus. Ich wollte nicht mehr verletzt werden. Ich habe einerseits resigniert, vor allen Dingen aber eine Mauer gebaut. Da kommt keiner durch.«

Auch hier wird die Synchron-Erfahrung deutlich. Beide waren Leere-Erfahrungen ausgesetzt. Beide wollen nicht mehr verletzt werden, beide wollen und müssen sich schützen und beide verletzen sich und finden keine Worte, sich darüber mitzuteilen. Nach solchen Synchron-Erfahrungen zu suchen, ist nicht nur hilfreich, sondern notwendig, wenn in Partnerschaften Leere-Erleben existiert und dies die Partnerschaft zu gefährden droht. Meist sind diese Synchron-Erfahrungen unbewusst, und es bedarf der Hilfe anderer, zumindest deren Hinweise, dass sie nicht nur bewusst werden, sondern auch Wege erschlossen werden, sich darüber zu verständigen. Nach und nach, Schritt für Schritt können dann, wenn die Leere-Erfahrungen »aufeinanderprallen«, neue Verhaltensweisen gefunden werden, wie die Beteiligten sich schützen oder schon im Vorfeld versuchen können, die gegenseitigen Verletzungen zu vermeiden.

Der Mann, von dem ich eben erzählt habe, fand einen Weg: »Wenn ich merke, dass ich verletzt werde oder Angst davor habe, verletzt zu werden, gehe ich zu meiner Frau und sage: ›Ich möchte dich mal gerne umarmen.‹ Als mir dieser Schritt zum ersten Mal gelungen ist, stimmte sie zu meiner Überraschung zu, und das schaffe ich nun immer wieder. Und sie hat den Weg gefunden, wenn sie abhauen will, dass sie mir sagt: ›Ich komme wieder.‹ Das ist gut für mich, dafür bin ich dankbar. Das macht es weniger schlimm für mich, und das macht mir Hoffnung.«

4 »Was hilft mir aus der Ohnmacht?«

Wenn Menschen in Partnerschaften ins Leere gehen, bindet das. Diese Bindung ist anders als eine partnerschaftliche Verbindung. Die partnerschaftliche Verbindung pulsiert. Man ist sich mal näher, mal ferner. Man liebt sich und man streitet sich. Man spürt innige Verbundenheit und gleichzeitig ist jede*r für sich eigen, eigensinnig und eigenwillig.

Die Leere-Bindung klebt. Sie führt dazu, dass die Partner*innen immer wieder die gleichen Verletzungen und Muster von Konflikten wiederholen und dabei selbst immer wieder neu ins Leere gehen. Sie fühlen sich oft »wie gefangen«, wie eine Frau sagte. Diese Klebewirkung führt nicht nur in die Verzweiflung, sondern beinhaltet eine gegenseitige Abhängigkeit. Beide sind so gefangen, dass sie sich gar nicht mehr vorstellen können, einen Schritt beiseitezutreten. Sie bleiben zusammen, weil das die einzige Lösung ist, die sie sich vorstellen können. Die Trennung wäre eine Katastrophe, ein Fallen in den Abgrund der Leere. Diese Abhängigkeit und diese Angst verlängern das Leiden.

Die erste Hilfe, um aus dieser verzweifelten Bindung und Abhängigkeit herauszugelangen, besteht darin, sie anzuerkennen. Dazu braucht es oft eine verständnisvolle und wohlmeinende Unterstützung von außen, von Freund*innen oder in der Therapie. Viele Menschen in solchen Partnerschaften mit Leere-Bindung geraten fast zwangsläufig in eine Art Betriebsblindheit. Oft braucht es die Unterstützung, um einen eigenen »Blick von außen« oder zumindest einen Blick von der Seite werfen zu können und wahrzunehmen, welche Verzweiflungsprozesse beidseitig geschehen.

Zweitens ist es wichtig, sich mit den eigenen Schuldgefühlen zu beschäftigen. Wer versucht, in der Partnerschaft Leere-Erfahrungen und

Folgen, die sich daraus ergeben, zu überwinden, strengt sich, wie schon erwähnt, oft immer mehr an. Wenn diese Bemühungen nicht zum Erfolg führen, fühlen sich oft beide Partner*innen schuldig. Sie meinen, zu versagen oder sich noch nicht genug angestrengt zu haben. Sie meinen, den Erwartungen und Ansprüchen, die sie an sich selbst und an die Partnerschaft haben und die ihnen in vielen Medien als »gute Partnerschaft« vorgegaukelt werden, nicht zu entsprechen. Nach meinen Erfahrungen sind Schuldgefühle in dieser Situation gängige Begleiterinnen aller Beteiligten. Sie entspringen oft früheren Leere-Erfahrungen der Partner*innen und treiben ihr Unwesen in der Partnerschaft. Schuldgefühle haben eine ungemein klebrige Bindeeigenschaft, sowohl in der einseitigen Abhängigkeit als auch in der synchronen Resonanz der Erwachsenen.

Kinder entwickeln – das gehört zur Grammatik der Gefühle[38] – Schuldgefühle ohne Schuld, wenn sie in der Leere die Orientierung verlieren. Sie übernehmen Verantwortung für das, was in der Leere schwingt. Dieser Nebel, dieses Nichts ist nicht aushaltbar – da erscheint die Bewältigungsstrategie, sich selbst die Schuld zu geben, erträglicher. Das, was damals geholfen hat, die Leere psychisch zu überleben, wirkt sich im Erwachsenenalter fatal in der Partnerschaft aus.

Wenn eine Partnerschaft scheitert, gehören immer mindestens zwei dazu. So wichtig und unerlässlich es ist, die eigenen Leere-Erfahrungen zu betrachten, sie ernst zu nehmen und auch Fehler und Unzulänglichkeiten bei sich zu suchen, so einseitig und auch gefährlich, ja Leid verlängernd ist es, sich ausschließlich mit den eigenen Fehlern zu beschäftigen und sich über die leidvollen Erfahrungen in der Partnerschaft hinaus noch mit Schuldgefühlen zu kasteien. Deswegen ist es wichtig, die Schuldgefühle wenigstens immer wieder einmal »in den Kleiderschrank zu hängen« und nicht nur auf sich selbst, sondern auch auf das zu schauen, was in der Beziehung geschehen ist und geschieht.

Eine kriselnde oder scheiternde Partnerschaft kann vielen unterschiedlichen Quellen entspringen. Meistens richtet sich die Aufmerksamkeit auf das Offensichtliche, also auf die Konflikte, Probleme, Charaktereigenschaften, eingespielten Muster, Übertragungsprozesse und

38 Baer, Udo & Frick-Baer, Gabriele: *Wie Kinder fühlen.*

Kränkungen, aber nicht so sehr auf das, was fehlte und was fehlt – auf die Leere-Erfahrungen. Ich bin noch niemandem begegnet, einschließlich mir selbst, der gerne auf diesen Aspekt schaut, dass er in der eigenen Biografie ins Leere gegangen ist. Denn das erinnert an schmerzhafte Erfahrungen und lässt diese wieder lebendig werden. Und doch ist genau dieser Blick notwendig, um die Not zu wenden und Leid in der Partnerschaft zu verringern oder möglichst zu beenden.

Den Mut zu haben, auf die eigenen Leere-Erfahrungen zu schauen und sie dem*der Partner*in mitzuteilen, ist ein guter Anfang, um der kriselnden Partnerschaft eine neue Chance zu geben. Vielleicht eröffnen sich neue Wege des Zusammenlebens und der Verständigung, wenn man in der Lage ist zu sagen: »Du, ich möchte dir etwas von mir erzählen. Ich will gar nicht, dass du dazu etwas unternimmst, sondern einfach nur, dass du zuhörst. Darum bitte ich dich.« Vielleicht entsteht aus diesem Beginn die Gelegenheit, dass der Partner oder die Partnerin auch etwas von sich erzählt, was zuvor in der Beziehungsleere verschwunden ist. Möglicherweise ermutigt dieser Schritt sogar dazu, auch eigene Erfahrungen der Leere zu betrachten.

Wenn dies nicht gelingt, mag das in der Konsequenz eine Trennung bedeuten, muss es aber nicht. Wichtig ist nach meinen Erfahrungen vor allem eine Haltungsänderung: der Schritt beiseite. Wer sich etwas mehr zurücklehnt und den anstrengenden Kampf aufgibt, kann besser atmen. Vor allem, wenn dies beide tun.

5 Liebeskummer

Liebeskummer kann zu unterschiedlichen Gelegenheiten auftreten. Der Kummer kann dadurch ausgelöst werden, dass sich die Liebe in der Partnerschaft nicht mehr entwickelt, sondern erstirbt. Oder die Liebe eines Menschen wird von der anderen Person nicht erhört. Auch wenn Paare einvernehmlich auseinandergehen, kann die Erleichterung über diese Entscheidung doch auch von Liebeskummer begleitet werden: Man vermisst die verloren gegangene Liebe. Über Liebeskummer sprechen Menschen nicht gern. Er wird bei Jugendlichen als Problem belächelt, für Erwachsene ist er oft ein Tabu. Das ist schade, denn Liebeskummer gehört zur Liebe und Partnerschaft dazu. Außer dem Liebeskummer leiden Menschen auch an der Leere, die mit ihm verbunden sein kann.

Dem heftigsten und leidvollsten Liebeskummer bin ich begegnet, wenn ein*e Partner*in die andere Person verlässt. Ein Mann erzählte: »Plötzlich war meine Frau weg. Sie packte ihre Sachen und ging. Ich war wie vor den Kopf geschlagen. Sicher hatten wir schon mal kleineren Streit und waren nicht mehr so eng zusammen wie früher. Aber ich wäre nie auf den Gedanken gekommen, dass unsere Ehe in Gefahr ist. Vielleicht habe ich etwas nicht bemerkt. Muss ja wohl so sein. Ich kann es immer noch nicht fassen.«

Nach einer solchen Trennung fallen viele Menschen ins Leere. Sie wird häufig von Trauer und Wut begleitet, doch oft begegne ich auch der Leere pur. Eine Frau, deren Partnerin sich in eine andere Frau verliebt hatte, war verlassen worden und sagte: »Ich fühl mich, als wäre ich vom Hochhaus gefallen. Fassungslos. Mein Verstand sagt mir ja, dass man sich in einen anderen Menschen verlieben kann. Aber das hilft mir nicht. Ich bin verzweifelt. Ich weiß nicht mehr, wer ich bin und wohin ich gehöre.«

Diese Leere-Erfahrung und die daraus resultierende Verzweiflung muss nicht früheren Leere-Erfahrungen entsprungen sein, sie erwächst direkt aus der Erfahrung der Trennung, des Verlassenwerdens. Wenn Menschen verzweifelt sind, zweifeln sie oft auch an sich selbst: »Was habe ich falsch gemacht? Bin ich es nicht wert, dass man bei mir bleibt? Bin ich nicht liebenswert?«

Die Gefühle der Leere, der Verzweiflung und der Selbstabwertung setzen die Partnerschaft auch ohne Partner*in fort. Die Person, die gegangen ist, bleibt präsent. Nicht körperlich, aber in den Gedanken und Gefühlen, im Erleben des verlassenen Menschen.

Hinzukommen bei solchen einseitigen Trennungen auch weitere Veränderungen des sozialen Umfelds, zum Beispiel: »Seit mein Freund mit seiner Tochter ausgezogen ist, habe ich keinen Kontakt mehr mit ihr. Ich versteh das nicht. Wir haben uns doch so gut verstanden.«

Auch viele Menschen aus dem gemeinsamen Freundeskreis meinen dann, sie müssten sich für die eine oder die andere Person entscheiden, wenn eine Partnerschaft zerbricht. »Mein bester Freund hat den Kontakt mit mir abgebrochen. Der hält zu meiner Ex-Frau, sagt er. Er wolle nicht dazwischenstehen. So ein Quatsch. Ich fühl mich richtig verraten. Ich verlange doch gar nicht, dass er sich entscheidet. Aber das glaubt er mir nicht. Gerade jetzt, wo ich ihn so bräuchte.«

Wer solche Erfahrungen machen muss, fühlt sich noch zusätzlich in den Abgrund der Leere gestoßen, wird ein weiteres Mal verlassen. Dass dann die Gefühle Chaos spielen und das Selbstwertgefühl in den Keller geht, ist verständlich. Wenn der Liebeskummer zu einer solch existenziellen Leere-Erfahrung wird, brauchen die betroffenen Menschen eine verständnisvolle und geduldige Begleitung. Dann können Verzweiflung und Gefühlschaos zu Traurigkeit werden und der Prozess des Loslassens kann beginnen.

TEIL D

Lasst unsere Kinder nicht ins Leere gehen!

Diese Überschrift fällt, wie Sie sehen, aus dem Rahmen. Sie appelliert. Das zeigt mein besonderes Anliegen, gegen die Leere als Monster der Entwürdigung anzuschreiben. Viele Aspekte, die mir im Laufe des Lebens deutlich geworden sind, hätte ich im Umgang mit meinen (und anderen) Kindern gern früher gewusst (und meine Frau auch). Deshalb werde ich in den folgenden Kapiteln einen besonderen Blick auf die Erwachsenen-Kind-Beziehung werfen, auch wenn ich in den vorigen Kapiteln schon oft auf biografische Zusammenhänge und damit auf Kindheitserfahrungen hingewiesen habe.

1 Wie Kinder ins Leere gehen

Alle Formen, wie Erwachsene ins Leere gehen, gelten auch für Kinder oder Jugendliche. Darüber hinaus gibt es einige Arten des Leere-Erlebens, die ich besonders bei Kindern und Jugendlichen beobachtet habe:

- Ein fünfjähriges Kind fragt und fragt. Aber es bekommt keine Antworten. Seine Fragen gehen ins Leere. Irgendwann verstummt es.
- Ein anderes Kind, ein Jahr älter, fragt ebenfalls neugierig nach diesem und jenem. Es hört mehrmals: »Du nervst mit deinen Fragen!«
- Ein Kind sitzt am gemeinsamen Esstisch. Die Eltern und die beiden großen Geschwister unterhalten sich. Die Kleine möchte etwas von der Grundschule erzählen und beginnt. Doch keiner reagiert. Ihr Erzählen geht ins Leere. Das Kind verstummt.
- Ein Kind, ungefähr ein halbes Jahr alt, liegt in seinem Bett. Die Mutter kommt herein und spricht es an. Das Kind wendet den Blick ab und tut so, als würde es die Mutter nicht hören oder sehen. Als es geboren war, konnte die Mutter, aus welchen Gründen auch immer, keinen Blickkontakt mit dem Kind aufnehmen. Das wirkt sich verletzend aus, denn wenn Neugeborene die Augen öffnen, suchen sie nicht nur nach Informationen, sondern öffnen ihr Herz zur Welt. Wenn Mutter oder Vater nicht in der Lage sind, diese Blicke auch mit ihrem Herzen zu erwidern, verletzt das die Kinder so sehr, dass manche von ihnen andere nicht mehr anschauen können (was auch später den Blickkontakt als Erwachsene*r zu anderen Erwachsenen erschweren kann).
- Ein Kind kommt von der Schule nach Hause und sucht Hilfe, weil es sich von einem Lehrer ungerecht behandelt fühlt. Es erzählt und plappert los. Doch was das Kind berichtet, wird gar nicht registriert oder ernst genommen. Stattdessen hagelt es Vorwürfe: »Wenn der

Lehrer dich bestraft, wirst du vorher schon irgendeinen Mist gemacht haben ...!«

- Eine junge Frau erzählte, dass sie sich gewünscht hätte, von ihren Eltern »wenigstens einmal« geschlagen worden zu sein. Ich bin erschrocken, weil ich Schläge nur als ein anderes Monster der Entwürdigung kenne. Auf meine Nachfrage sagte die junge Frau: »Als Kind war immer alles gut. Jedes Bild, das ich gemalt habe, war großartig. Alles, was ich getan habe, war wunderbar. Alles war in rosa Blümchen. Alles war toll. Das führte aber dazu, dass ich gar nicht mehr wusste, woran ich war. Alles um mich herum war ein rosa Nebel, in dem ich nichts sehen konnte.«
- Eine Mutter sitzt mit ihrem Kind auf der Parkbank. Sie schaut weder die Umgebung an, noch reagiert sie, als das Kind auf die Enten in Parkteich zeigt. Sie schaut nur auf ihr Handy. Einige Meter weiter sitzt eine andere Mutter. Mit einen Arm hält sie ihr Baby und stillt es, mit der anderen Hand beschäftigt sie sich mit ihrem Handy.
- Ein Kind, das nicht beachtet wird, greift nach dem Kleid der Mutter. Es wird abgeschüttelt. Seine Hände greifen ins Leere.
- Ein vierjähriges Kind hat in der Kita etwas zum Muttertag gebastelt. Es überreicht es der Mutter, doch die legt es beiseite, weil sie mit dem Muttertag nichts anfangen kann. Doch das weiß das Kind nicht.
- Ein neunjähriger Junge gilt in der Schule als Rabauke. In den Pausen geht er oft gemeinsam mit einem Freund »Mädchen schütteln«. Bei einem Schulausflug schminkt meine Frau die Kinder im Gesicht. Dieser Junge schmiegt sein Gesicht bei ihr an und fast in die Finger meiner Frau, hingebungsvoll und Zärtlichkeit suchend. Man sieht, was ihm fehlt und wobei er ins Leere geht.
- Ein 15-Jähriger möchte seinem Vater erzählen, dass er im Fußballverein ein Tor geschossen hat. Doch der sitzt gerade an seinen Mails und sagt: »Später!« Doch dann vergisst der Vater nachzufragen, und der Sohn hat resigniert.
- Ein 17-Jähriger macht sich beim Abendessen über seine jüngere Schwester lustig. Diese wehrt sich zunächst, kann den Bruder aber nicht stoppen. Dann schaut sie hilfesuchend zu den Eltern. Doch statt dem Sohn eine Grenze zu setzen und ein klares Gegenüber zu sein, reagieren sie nicht.

Auch ein Klima des Drucks kann Leere-Erfahrungen produzieren. Manche Kinder sind konkretem Druck ausgesetzt: »Du musst mehr lernen … Sitz gerade … Bekleckere nicht dein Kleid …« Andere leben in einer Atmosphäre des Drucks. Eine junge Frau erzählte zum Beispiel: »Bei uns war immer Druck. Er hieß nicht so, sondern wurde ›gute Noten‹, ›aufgeräumtes Zimmer‹ oder ›benimm dich‹ genannt. Immer wenn ich etwas spontan wollte, rannte ich gegen die Wand des Drucks. Wenn ich lachte oder wenn ich weinte, erstickte das unter dem Druck. Ich blieb mit meiner Lebendigkeit, mit meinem Kindsein allein. Damit ging ich ins Leere.«

Sie werden selbst als Kind oder jugendliche Person mehr oder weniger schwerwiegende Erfahrungen gemacht haben, ins Leere gegangen zu sein. Die Liste der Beispiele ließe sich unendlich fortsetzen. Besonders schlimm wird es für die Kinder, wenn die Leere-Erfahrungen sich wiederholen. Sie erscheinen dann dem Kind als »Normalität«, wirken wie selbstverständlich. Das hat Folgen nicht nur für das Selbstbild des Kindes, sondern auch für sein Verständnis von Beziehungen und sein Verhalten gegenüber anderen Menschen.

2 Leere als Strafe

Kinder ins Leere gehen zu lassen, wird immer noch und viel zu häufig als Strafe eingesetzt. Ich kenne Familien, in denen mit dem Kind, das eine »schlechte Note« nach Hause gebracht hat, zwei Tage nicht gesprochen wird. In manchen Kitas müssen »unartige Kinder« auf den »Stillen Stuhl«. Das ist ein Stuhl, auf den das Kind sich setzen muss und auf dem es dann nicht reden darf. Die anderen Kinder im Raum werden darauf verpflichtet, es zu ignorieren, und sie dürfen weder mit ihm spielen noch es ansprechen oder anschauen. Manchmal heißt diese Strafe auch »Stille Treppe«. Das Kind muss sich dann auf eine bestimmte Treppenstufe setzen und dort schweigen und muss von den anderen ignoriert werden. Solche Aktionen als Strafe einzusetzen, setzt ja schon das Wissen der Erziehenden voraus, dass ein Kind, das in eine derartige Leere-Umgebung versetzt wird, darunter leidet. Dieses Leiden wird dann als Erziehungsmittel, als angeblich pädagogisch sinnvolle Maßnahme eingesetzt.

Als Begründung für solche Strafen wird oft angeführt, dass diese in dem Moment ausgesprochen werden, in dem »Kinder übermäßig emotional reagieren und Argumenten nicht mehr zugänglich sind«. Welchen »Maßstab« gibt es da für Emotionen, für Verzweiflung, für Hilflosigkeit, für Wut, für Einsamkeit, für Not usw.? Was ist ein »Übermaß«? Und wer bestimmt das Maß – die Kinder oder die Erwachsenen? Kindern »übermäßige« Gefühlsäußerungen vorzuwerfen, verkennt zweierlei: Erstens haben Gefühle grundsätzlich kein Maß. Was ist das rechte Maß der Trauer? Der Sehnsucht? Der Liebe? Zweitens sind Kinder in allen Altersstufen dabei, ihren eigenen Weg des Gefühlsausdrucks zu suchen und zu finden. Sie probieren aus. Sie werden nicht mit emotionaler Kontrolle oder Regulation geboren, sondern entwickeln Fähigkeiten und suchen damit ihren eigenen Weg.

Sobald starke Gefühle in den Vordergrund treten, treten vernünftige Argumente in den Hintergrund. Wenn Erwachsene dann nicht selbst emotional reagieren, sondern auf der Vernunftsebene mit dem Kind reden und das Kind »zur Vernunft« bringen wollen, müssen sie scheitern, weil das Kind sich vor allem in einem starken gefühlsmäßigen Modus befindet und alles andere an ihm vorbeirauscht. Erwachsene sollten in solchen Situationen Kinder auch auf der Gefühlsebene ansprechen, sie in ihren Ängsten und in ihrer Hilflosigkeit wahrnehmen. Sie sollten trösten, Geborgenheit anbieten und durchaus auch bei der passenden Gelegenheit ihren Ärger zeigen – in jedem Fall ihre Gefühle teilen und über ihre Gefühle eine Begegnung mit den Kindern finden. Auch sich körperlich zu bewegen, kann helfen, die emotionale Bewegung abzuschwächen, zumindest aber zwischen der erwachsenen Person und dem Kind eine Begegnung, eine Verbindung herzustellen. Das Kind an die Hand zu nehmen und es aufzufordern, gemeinsam in den Garten oder auf die Straße zu gehen, mit dem Kind Ball zu spielen oder etwas anderes zu unternehmen, kann Wege aus der Sackgasse zeigen.

Das Modewort für Leere als Strafe heißt »Auszeit«. Kinder, die für die Erwachsenen nicht mehr erreichbar scheinen oder irgendetwas getan haben, was den Regeln der Erwachsenen widerspricht, werden also in eine Auszeit geschickt. Ähnlich dem Stillen Stuhl oder der Stillen Treppe besteht diese Auszeit darin, dass das Kind in einen leeren Raum gebracht wird, wo es eine bestimmte Zeit allein ausharren muss, ohne Kontakt mit anderen, meist mit dem Zusatz: »Bis du dich beruhigt hast!« Selbst auf Webseiten, die ansonsten nützliche pädagogische Hinweise geben, wird die Auszeit als »gewaltfreies Erziehungsmittel« empfohlen und verklärt: »Körperliche Gewalt als Erziehungsmittel hat – zum Glück – mittlerweile weitgehend ausgedient, auch wenn es immer noch Eltern gibt, die darauf zurückgreifen. Nun sind neue Methoden gefragt, um sich beim Kind Geltung zu verschaffen und die eigenen Erziehungsziele zu erreichen. Ein erprobtes und wirksames Mittel ist die sogenannte Auszeit: Das Kind wird für eine kurze Zeit weggeschickt, es muss auf sein Zimmer gehen und sich dort alleine aufhalten, die Aufmerksamkeit wird ihm komplett entzogen, und wenn das Kind nicht zum Gehen zu bewegen ist, geht man eben selbst – nur in einen anderen Raum, versteht sich. Als weitgehend symbolisches, gewaltfreies Erziehungsmittel teilt die Auszeit dem Kind mit, dass sein augenblickliches Verhalten inakzeptabel ist und nicht geduldet wird.«[39]

Durch solche Maßnahmen – nennt man sie »Strafe«, »Auszeit« oder wie auch immer – werden Kinder ins Leere geschickt. Sie werden aus der Beziehung gestoßen. Nach all meinen Erfahrungen hat dies massive Folgen. Bei vielen Kindern, die so etwas erdulden mussten, entsteht Angst, tiefe Angst, allein gelassen zu werden. Kinder brauchen Erwachsene. Für Kinder ist die Beziehung zu Erwachsenen überlebensnotwendig. Mit dem Entzug dieser Beziehung bestraft zu werden, mobilisiert existenzielle Ängste, die die Menschen das Leben lang begleiten können.

Es gibt Situationen, in denen Kinder und Eltern oder andere Erwachsene nicht mehr weiterwissen, in denen sie in einer Sackgasse angekommen sind. Hier Wege aus dieser Sackgasse zu finden, ist manchmal schwierig. Einige Möglichkeiten habe ich bereits angedeutet. Oft hilft schon der Satz der Erwachsenen: »Ich weiß jetzt auch nicht mehr weiter.« Manchmal versuchen Erwachsene, sich selbst eine Auszeit zu nehmen. Da ist es wichtig, dies nicht als Strafe für das Kind zu deklarieren, sondern das eigenen Verhalten zu erklären, etwa mit den Worten: »Ich muss mal eben zwei Minuten auf und ab oder nach nebenan gehen, damit ich mich wieder beruhige.« Was auch immer Erwachsene in ihrer Not und Hilflosigkeit tun: Es sollte auch selbst in solchen Situationen nicht auf Kosten der Beziehung zwischen Kind und erwachsener Person gehen. Leere killt Beziehung. Leere als Strafe hat für das Kind nur ein Ergebnis: existenzielle Angst und das Gefühl, unwürdig zu sein, eine Beziehung mit Vater, Mutter oder einer anderen erwachsenen Person zu leben.

---

39 Aus dem Artikel »Die ›Auszeit‹ als Erziehungsmittel« auf www.vaterfreuden.de, abgerufen am 09.05.2024.

3 Leiden ohne Worte

Wenn, wie ich beschrieben habe, ein einige Monate altes Kind die Mutter schon nicht mehr ansehen möchte, weil es den Schmerz der Leere nicht spüren will, dann zeigt das, wie intensiv die Folgen von Leere-Erfahrungen für Kinder wirken können.

Besonders häufig sind mir bei Kindern die existenziellen Ängste begegnet, die sich später wie ein roter Faden des Leids durch das Leben der Erwachsenen ziehen können. Bei Kindern entwickelt sich das Bewusstsein der eigenen Persönlichkeit erst nach und nach. Gehen sie wiederholt ins Leere, wird dieser Prozess unterbrochen oder fällt in sich zusammen, weil das Bewusstsein von der Leere-Angst geprägt wird. Existenzielle Ängste entstehen und werden manchmal übermächtig. Auch Schuldgefühle, Verwirrung und Schamgefühle treten häufig auf. Irgendwann lösen sie sich von dem Anlass der Leere-Erfahrung und werden zu alltäglichen Begleiterinnen der Kinder und Jugendlichen. Die Kinder verstehen diese Gefühle nicht. Sie wissen nicht, warum sie sie spüren, was ihre Verwirrung noch mehr verstärkt und ihr Selbstwertgefühl noch weiter verringert.

Manche Kinder werden maßlos. Leere kann generell bei Menschen zu Maßlosigkeit führen, denn die Leere kennt kein Maß. Das, was dann zum Beispiel durch sogenannte »Auszeiten« erreicht werden soll, schlägt ins Gegenteil um. Die sogenannten emotionalen »Anfälle« der Kinder steigern sich in der Verzweiflung, allein gelassen worden zu sein und immer noch allein gelassen zu werden, ins Maßlose.

Diese Angst führt dazu, dass sich manche Kinder zurückziehen und den Kontakt vermeiden oder aber vor allem frohe und ausgelassene Begegnungen mit anderen meiden. Bei wieder anderen wächst die Angst vor dem Alleinsein. Sie halten es nicht aus, allein zu sein. Jeder Abschied wird zu einer Bedrohung, in die Leere zu fallen und verlassen zu werden.

Von Erwachsenen, die deswegen Hilfe bei mir suchen, weiß ich, dass das Alleinsein für sie in der Kindheit selbstverständlich geworden war. »Da war niemand« war so eine alltägliche kindliche oder jugendliche Erfahrung, die zum Leben der betroffenen Menschen gehörte. Der Schmerz, dass da »niemand war«, wurde oft ebenso als selbstverständlich hingenommen wie das Alleinsein selbst. Wenn Kinder ins Leere gehen, fehlt ihnen auch der Spiegel, fehlen ihnen Menschen, die widerspiegeln können, wer sie sind, was sie fühlen, woran sie leiden, worüber sie sich freuen und wonach sie sich sehnen. Gelegentlich gibt es Spiegel, aber diese sind oft beschlagen, sodass man auf ihnen nichts erkennen kann.

Wenn diese Kinder älter werden, fehlen ihnen häufig die Worte. Die Bezeichnungen »Leere« oder »ins Leere gehen« oder »sich allein gelassen fühlen« werden selten verwendet, fast immer umschrieben. Wenn sie dann von mir (oder anderen Therapeut*innen) hören, dass sie ins Leere gegangen sind und dass das schmerzhaft ist, sind sie fast erleichtert. Sie haben dann Worte, um das, was ihnen geschehen ist, besser zu verstehen. Für das, was sie erlitten haben, Worte zu finden wie »das Drama der Leere«, ist für sie der erste Schritt der Heilung.

4 Kinder »außer sich«

Vor allem Lehrer*innen beschreiben, dass die Anzahl der Kinder zunimmt, die neben sich stehen und »außer sich« sind. Sie sind unruhig, haben wenig oder gar keine Fähigkeiten, sich länger als eine halbe Minute für etwas zu interessieren und aufmerksam zu sein. Sie kennzeichnet ein andauernd hohes Erregungsniveau, und sie können keine Konflikte austragen und sich im sozialen Miteinander nur über Aggressivität und Schreien verständigen.

Solche Kinder gab es schon immer. Wenn sich zwei oder drei von ihnen in einer Schulklasse befanden oder heute befinden, ist dies für die meisten Lehrkräfte handhabbar. Doch wenn deren Anzahl ein Drittel oder gar zwei Drittel der Schüler*innen ausmacht, sind sowohl die Kinder – und zwar alle! – als auch die Lehrer*innen überfordert.

Das Verhalten dieser Kinder wurzelt fast immer, zumindest in den Fällen, die ich kenne und näher begleitet habe, in nachhaltigen Leere-Erfahrungen. Wie ich beschrieben habe, kann die Leere zwischen den Menschen zu einer inneren Leere werden. Bei diesen Kindern ist dieser Prozess schon weit fortgeschritten oder vollzogen. Auf die eine oder andere Weise haben die Kinder Leere-Erfahrungen mit anderen Menschen, vor allem mit Erwachsenen erlitten. Diese Erfahrungen müssen so anhaltend und massiv gewesen sein, dass sie zu einem Erleben innerer Leere geführt haben. Wenn das, was den inneren Kern und das Selbstwertgefühl der Kinder ausmacht, mit Leere umhüllt ist oder durch Leere ersetzt ist, dann wissen Kinder nicht mehr »ein noch aus«. Wer »außer sich« ist, ist nicht in sich. Wer »neben sich steht«, spürt keinen festen Kern in sich. Wie schon erwähnt, ist diese innere Leere maßlos und führt zu maßlosen Gefühlen und maßlosem Verhalten. Wenn das Kind von Leere umgeben ist, worauf soll es sich dann konzentrieren? Leere schafft keine Ruhe, sondern beunruhigt. Also sind die Kinder unruhig. Wer nicht weiß, wer er ist und nicht den inneren Kern in sich spürt, kennt auch kaum ein Gerichtetsein. Eine Richtung, in die ich mich bewegen möchte, braucht einen Ausgangspunkt, den inneren Kern. Wenn da Leere ist, kann ich keine Richtung einschlagen, die meinem Wollen und meinen Impulsen entspricht, sondern ich wende mich dann mal hierhin und mal dorthin.

Von dem wachsenden und spürbaren inneren Kern der Kinder aus entwickelt sich ihr Maß. Wenn sie das nicht entwickeln können, wie sollen sie dann solidarische Beziehungen mit anderen Kindern und Erwachsenen eingehen? Eigentlich bräuchten diese Kinder kleine Gruppen, in denen sie neue Erfahrungen mit sich und in der Beziehung zu anderen machen und all das nachholen können, was im Elternhaus oder in anderen Lebenskontexten nicht gewährt wurde: Geborgenheit, Vertrauen, Verbindlichkeit, Begegnung, Reibung, Nahrung, Spiegelung usw. Sie benötigen Kreative Stärkungsgruppen.[40] Doch in vielen Fällen gibt es keinen Boden für solche Kleingruppenangebote, und die Lehrenden müssen mit den großen Klassen vorliebnehmen. Einige Tipps für Lehrer*innen zum Umgang mit solchen Kindern und mit den Klassen, in denen sich diese Kinder bewegen, finden Sie im KLT Journal.[41]

---

40 Diese Form der Begleitung wurde für verschiedene Personengruppen erprobt. Für Kinder und Jugendliche wurde ihre Wirkung durch eine Evaluationsstudie der Universität Duisburg/Essen festgestellt. Fortbildungen und Konzepte zur Leitung Kreativer Stärkungsgruppen bietet das Pädagogische Institut Berlin an.

41 Siehe auch: *KLT-Online-Journal – Fachbeiträge zur Kreativen Leibtherapie* unter: https://www.semnos.de/publikationen/klt-online-journal-shop/.

5 Was Leere-Kinder brauchen

Damit die Wunden der Leere-Erfahrungen heilen können, brauchen die Kinder neue Erfahrungen, insbesondere neue Beziehungserfahrungen. Erfahrungen der Wirksamkeit und in kreativen Aktivitäten sowie die Stärkung ihres Selbstwertgefühls sind für sie unabdingbar.

Zwei Reaktionen von Erwachsenen gegenüber Kindern mit Leere-Erfahrungen beobachte ich mit Sorge. Die eine besteht darin, dass Erwachsene die Kinder mit Geschenken überhäufen, etwa mit den Worten: »Da hast du ein neues Computerspiel ...« Die Hoffnung besteht hier oft darin, das Kind damit »befrieden« zu können. Letzten Endes aber zielen solche Geschenke darauf ab, dass das Kind die Erwachsenen mit seinen »schrägen« Verhaltensweisen nicht mehr belästigt. Doch die Leere in ihnen hat keinen Boden, auf den die Geschenke fallen können. Deswegen wollen diese Kinder mehr, mehr, immer mehr. Und ein Computerspiel oder ein anderes Spielzeug ersetzen keine Beziehung. Neue Beziehungserfahrungen, in denen die Kinder gewürdigt werden und gestärkt werden, sind das A und O dessen, was die Kinder brauchen.

Die andere Reaktion besteht darin, dass es erneut eine Welle von Bestrebungen gibt, auffällige und störende, besser: verstörende Kinder zu bestrafen und zu disziplinieren. Diese Tendenz entspringt bei manchen Eltern, Erziehenden und Lehrenden auch der Verzweiflung und ist möglicherweise zumindest gut gemeint, um im Familienalltag und Schulalltag unter den gegebenen Bedingungen überleben zu können. Doch das kann allenfalls kurzfristig Abhilfe schaffen und das Außer-sich-Sein expressiver Kinder eindämmen. Denn die Erfahrungen der Leere sind für diese Kinder schon Strafe genug. Diese Erfahrungen sind schlimm, sie schmerzen. Die Kinder leiden darunter. In ihnen stauen sich Einsamkeit und Verzweiflung an, die irgendwie zum Ausbruch drängen.

Meist geraten dabei die Kinder in Vergessenheit, die auch »außer sich« sind, aber eher erstarren und verstummen als explodieren. Sie leiden unter den Folgen von Leere-Erfahrungen und darüber hinaus noch unter einer Atmosphäre der Disziplinierung. Diese macht sie innerlich in ihrem Selbstwertgefühl noch kleiner und noch angstvoller und schadet der Entwicklung ihrer Persönlichkeit.

Statt für Strafen und Disziplinierung plädiere ich eher für einen »Rahmen«, der Orientierung bietet. Wer sich selbst verloren hat und außer sich statt in sich ist, fühlt sich oft extrem unsicher und verhält sich auch so. Diese Kinder brauchen einen festen, sicheren Rahmen, in dem sie sich bewegen können.

In Berlin-Neukölln gab es eine Hauptschule, in der man vor vielen Jahren die Klinke an der Außenseite der Eingangstür abmontiert hat, sobald zum Unterrichtsbeginn geläutet wurde. Wer zu spät kam, musste klingeln, sich im Sekretariat melden und registrieren lassen sowie später bestimmte Aufgaben übernehmen, zum Beispiel den Bürgersteig zu fegen. Als Besucher*innen diesen Kindern dabei zusahen, wie sie ihre Arbeiten verrichteten, fragten sie sie, warum sie dies denn machten. Sie antworteten, dass sie zu spät gekommen seien. Die Besucher*innen waren überrascht, dass die Kinder solche Tätigkeiten offensichtlich akzeptierten und mit der Regelung der entfernten Türklinke einverstanden waren. Mit welcher Begründung? Die Kinder antworteten: »Die kümmern sich endlich mal um uns. Wir sind denen nicht mehr egal. Es ist nicht egal, ob wir pünktlich zum Unterricht kommen oder nicht.«

Diese Äußerung der Kinder trifft oft den Kern. Wenn es, wie es immer noch an manchen Schulen der Fall ist (obwohl viele die Regelung mit der Türklinke übernommen haben), egal ist, wann und ob die Kinder zum Schulunterricht kommen, ist dies eine Wiederholung der Leere-Erfahrungen für die Kinder, hier in den Beziehungen zwischen den Kindern und den Lehrenden. Es geht dabei nicht darum, Pünktlichkeit zu lernen – was ja auch nicht schädlich ist –, sondern dass die Kinder in ihrem Verhalten ernst genommen werden und darauf reagiert wird. Das ist ein wichtiger Aspekt und das ist es auch, was ich mit »Rahmen« meine. Dass den Kindern Grenzen gesetzt werden, kann dazugehören, doch der Rahmen geht weit darüber hinaus. Entscheidend ist, dass es niemandem im Umfeld der Kinder egal ist, was sie tun und wie sie sich verhalten. Und dass es dabei nicht um Strafen und Disziplinierung geht, sondern darum, die Unsicherheit und Hilflosigkeit der Kinder anzuerkennen und ihnen zu helfen, Wege da herauszufinden. Damit die Kinder nicht weiterhin oder wieder in Leere gehen in den Familien, Kitas, Schulen oder anderen Lebensbereichen.

Dazu gehören alle Aktivitäten, die das Wirksamkeitsgefühl der Kinder stärken. Spiele kleiner Gruppen gegen- und miteinander können eine Klasse ebenso zusammenführen wie ein Fußballteam, eine deutliche Verteilung von Aufgaben und Verantwortlichkeiten und immer wieder Rituale. Alles, was Verbindungen fördert und einen sicheren Rahmen stärkt, hilft. Dies soll die zahlreichen Lehrer*innen ermutigen, die den Kindern helfen wollen, ob diese nun verstummen oder herausforderndes Verhalten zeigen. Die Leere-Erfahrungen zu sehen und den Zusammenhang zwischen diesen Erfahrungen und den Folgen zu verstehen, ist dabei der erste Schritt.

TEIL E

Was hilft dem Herzen zu heilen?

Wenn wir meditieren oder auf andere Weise versuchen, uns von dem, was zu viel ist, leer zu machen, dann erleben wir dies, wenn es gelingt, wie zu Beginn von Teil A beschrieben als positive, erwünschte, »süße« Leere. Doch davon abgesehen widerfährt Leere uns Menschen eher und fühlt sich bei Weitem nicht so gut an.

Wenn Sie unter Leere und ihren Folgen leiden, dann werden Sie wissen, dass Sie sie nicht bewusst und freiwillig geschaffen haben, sondern ihr eher ausgesetzt waren oder sind. *Und* ich bin sicher, dass Sie, wenn Sie sich bis hierhin durch die Gesichter und die verborgenen Quellen der Leere durchgearbeitet haben, danach suchen, wie Sie diese Erfahrungen zu Ihren Gunsten verändern und die Not wenden können.

Deshalb werde ich mich in diesem Teil E bemühen, Ihnen hilfreiche Anregungen und Empfehlungen vorzustellen. Ich denke, dass sie von Interesse sein können für alle, die in irgendeiner Weise betroffen sind, also sowohl für diejenigen, die unter eigenen Leere-Erfahrungen leiden, als auch für die Menschen, die mit von Leere Betroffenen zusammenleben oder sie professionell begleiten. Meine Hinweise beruhen auf meinen persönlichen Erfahrungen in der therapeutischen Arbeit. Diese Empfehlungen setzen Sie dem Risiko aus, aufgewühlt zu werden – aber dieses Risiko bestand auch schon bei den ersten Teilen des Buches –, doch die Perspektive, die Folgen der Leere-Erfahrungen zu mindern, ist es meiner Erfahrung nach wert. Bitte suchen Sie sich einen Menschen, dem Sie vertrauen, und teilen Sie Ihre Erfahrungen und Gefühle mit.

Einen besonderen Stellenwert messe ich im Folgenden der kreativtherapeutischen Seite meiner Anregungen bei, denn mein Vertrauen in die Kreativität, in die schöpferische Kraft jedes einzelnen Menschen und der menschlichen Begegnungen ist unerschütterlich. Jeder Weg aus der Leere, jeder Brückenbau aus dem Niemandsland der Leere mit seinen Abgründen hin zu einer Landschaft der Begegnungen ist ein kreativer Akt. Er birgt Hürden und Überraschungen und erfordert ein wenig Mut, eine prinzipielle Risiko- und Veränderungsbereitschaft. Überraschen Sie sich selbst, indem Sie entdecken, was an bisher verborgenen Kräften und Erfahrungen in Ihnen steckt, wenn Sie sich selbst und Ihren Beziehungen Zuwendung schenken und Sie und ich uns einander zuwenden.

1 Ein Bild der Leere

Worte stellen Bilder in den Kopf – so oder so ähnlich hat es die Schriftstellerin Herta Müller einmal gesagt. Das Wort »Leere« wird wahrscheinlich zunächst zwar Resonanz in Ihnen erzeugen, aber noch kein konkretes Bild in Ihrem Kopf entstehen lassen. Doch Sie werden, darauf vertraue ich, dennoch im Laufe des Malprozesses, den ich Ihnen im Folgenden vorschlage, ein Bild der Leere kreieren. Denn auch wenn ich mich wiederhole: Leere ist nicht »nichts«. Sie zeigt den Charakter ihrer verborgenen Quellen in ihren vielfältigen Gesichtern.

Ohne in irgendeiner Weise einen Anspruch auf Vollständigkeit zu erheben, habe ich in meinen bisherigen Beiträgen dieses Buches mit Worten Anregungen dazu gegeben, die es Ihnen ermöglicht haben sollten, sich Ihren eigenen Leere-Erfahrungen, so Sie darunter leiden, anzunähern.[42]

Der erste Schritt besteht darin, die Leere zu würdigen und damit auch sich selbst und Ihre eigenen Erfahrungen zu würdigen. Bitte nehmen Sie sich Zeit und Muße, um sich kreativ mit Ihren Leere-Erfahrungen und der nur Ihnen »gehörenden« Leere auseinanderzusetzen. Wahrscheinlich sind Ihnen beim Lesen auch schon die einen oder anderen Besonderheiten und Aspekte in den Sinn gekommen, die Ihnen vielleicht jetzt bzw. in den folgenden Momenten wieder einfallen.

Bitte halten Sie einen Bleistift parat oder ein anderes Schreibgerät, das Sie gerade griffbereit haben, weil sie es auch sonst für Notizen benutzen, und zusätzlich noch Buntstifte oder Kreiden – was immer Sie da im Repertoire haben oder gerne verwenden wollen.

Und dann schlage ich Ihnen vor, zu sinnieren – und dabei zu krickeln.

42 Sie dienen gleichzeitig als Anregung für Therapeut*innen in der Begleitung von Menschen mit Leere-Erfahrungen.

Krickelbild Leere

Notizen

Setzen Sie den Stift auf der vorherigen leeren Seite mit der Überschrift »Krickelbild Leere« an und begleiten Sie mit dem Stift Ihr Sinnieren, Ihre frei flottierenden Gedanken und Einfälle zum Thema Leere, ganz ohne Anstrengung und ohne Absicht, einfach so durch Krickeln. Sie können das auch machen, während Sie sich mit einer anderen Person über das, was Ihnen durch den Sinn geht, unterhalten ...

Irgendwann, wenn Sie diesen Vorgang beenden wollen, schauen Sie auf das, was Sie gekrickelt haben – und füllen einige oder alle Zwischenräume und Formen, die zwischen den Linien und Kurven entstanden sind, mit Farbe aus. Vertrauen Sie sowohl bei der Wahl der Farben als auch der auszufüllenden Räume auf Ihre spontanen Einfälle. Überlassen Sie Ihrer Hand die Regie.

Dann schauen Sie im nächsten Schritt wieder auf Ihr Bild, drehen es mal hierhin und mal dorthin und lassen sich überraschen, was Sie sehen und erkennen. Schenken Sie auch den Details, die nicht gleich ins Auge springen, die Sie vielleicht übersehen haben oder vielleicht auch gerne übersehen hätten, Ihre Aufmerksamkeit ... Und finden Sie Worte für das, was Sie sehen und jetzt beschäftigt. Tragen Sie sie ins Bild ein oder schreiben Sie sie auf die Rückseite oder sogar in ein besonderes, noch leeres Buch, das ab jetzt Ihr Begleitbuch bei Ihrer ganz eigenen Reise werden könnte. Oder tragen Sie sie in die Zeilen auf Seite 165 ein.

Wenn Sie sich über das, was Sie bei dieser Übung erlebt und erfahren haben, mit einer vertrauten und vertrauenswürdigen, an Ihnen interessierten Person austauschen (können), werden Sie mit hoher Wahrscheinlichkeit bereichernde Erfahrungen machen.

2 Das Herz unter dem Geröll suchen

Viele Menschen, die unter ihren Leere-Erfahrungen leiden, mussten solche Erfahrungen schon in einem sehr frühen Alter und vor allem wiederholt machen. Einige kennen gar nichts anderes. Für sie sind deshalb Leere-Erfahrungen selbstverständlich geworden. Das gilt ebenso für die Folgen, die sich im Leere-Erleben, wie beschrieben, etwa in Einsamkeit, in Leiden an mangelnden Selbstwert-, Zugehörigkeits-, Heimat- und Geborgenheitsgefühlen und an empfundenem Beziehungsversagen ausdrücken.

Über manche dieser Folgen und vor allem über die unerkannten, unentdeckten, verborgenen Leere-Erfahrungen selbst türmt sich über die Zeit zahlreiches Geröll auf. Dieses besteht aus all den Lebenserfahrungen dieser Menschen, einschließlich der Verletzungen und Narben. Die Bemühungen der meisten Menschen, die mir begegnet sind, das Leiden an der Leere zu vermeiden und neue Leere-Erfahrungen zu umgehen, ist mehr als verständlich, trägt aber auch dazu bei, solche Erfahrungen mit zusätzlichem Geröll zu überschütten und die Not zu verstetigen.

Wenn Sie sich – unter anderem mithilfe dieses Buches – mit dem Thema Leere beschäftigen, werden Sie auf der Suche sein, wie Sie trotz Ihrer Erfahrungen, ins Leere gegangen zu sein, Leiden verringern und ein besseres, glücklicheres Leben führen können. Für diese Suche ist es wichtig, zu wissen und zu erkennen, dass das Thema Leere nicht in reiner Form zutage tritt, sondern immer mit dem Geröll der Erfahrungen verknüpft ist. Also ist es sinnvoll, geduldig zu bleiben. Sie werden überrascht sein, an welchen Stellen Ihnen in diesem Prozess Leere-Erfahrungen begegnen.

Ganz sicher wird Ihnen dieses Geröll auch bei meiner nächsten Empfehlung und Anregung begegnen. Sie lautet: Achten Sie auf Ihr Herz!

Wenn Sie sich auf einen heilsamen Weg aus der Leere begeben wollen, dann rate ich Ihnen, sich immer wieder darum zu bemühen, Ihr Herz wahrzunehmen, und sei es jeweils nur für einen Moment. Das Wort »Herz« verwende ich, und darum bitte ich auch Sie, als Metapher, als Sammelbegriff für den Kern und gleichzeitig das Sammelsurium unserer Gefühlswelt.

Also: Halten Sie für einige Sekunden oder möglichst für einige Atemzüge inne. Legen Sie eine Hand auf Ihr Herz und fragen Sie sich: »Was spüre ich? Was sagt mein Herz jetzt dazu?«

Vielleicht spüren Sie im ersten Moment gar nichts oder Ihr Herz fühlt sich wie betäubt an, denn es kann sein, dass Ihr Herz durch Ihre Leere-Erfahrungen keine oder zu wenig Resonanz erfahren hat. Und diese Resonanz braucht unser menschliches Herz. Es braucht die Erfahrung vom Mitschwingen anderer Menschen, damit wir die Impulse unseres Herzens wahrnehmen können. Dann ist es gut, wenn Sie sich zunächst buchstäblich auf die wahrnehmbaren Signale Ihres Herzens konzentrieren und einen Moment zuhören, wie es leise oder laut, kräftig oder eher zurückhaltend, aufgeregt oder ruhig oder mit welchen Eigenschaften auch immer für Sie schlägt. Wenn Sie dann Ihrem Herzen Vertrauen schenken und ihm die Zeit und die Erlaubnis geben, sich an Situationen zu erinnern, in denen Sie Leere schmerzlich erfahren haben, werden Ihnen vielleicht Szenen einfallen, in denen Sie eigentlich viele Gefühle gefühlt haben. Folgen Sie diesem Prozess, vertrauen Sie dabei Ihrem Atem und spüren Sie Ihren Gefühlen mit der Hand auf dem Herzen nach. Würdigen Sie sie.

Welche Gefühle das sind oder sein werden, das ist unvorhersehbar und unplanbar – für Sie, und für mich sowieso. Was ich sagen kann, ist, dass viele Menschen, die ich begleitet habe, in ihrem Herzen ein einmaliges Repertoire unterschiedlicher Gefühle finden, aus denen sie schöpfen können: den kleinen Ärger und die große Wut, Zorn, Scham- und Schuldgefühle, Verzweiflung, Liebe, Enttäuschung, Angst usw. Auch Sie werden, hoffe ich, in Ihrem Herzen statt Leere unter dem Geröll einen reichen Schatz an Gefühlen bergen können. Notieren Sie Ihre Einfälle:

Beim Heben dieses Schatzes kommt es nicht auf die Anzahl der Gefühle an, die Sie zutage fördern. Der Reichtum besteht hier darin, dass Sie das Wesentliche, was Ihnen Ihr Herz meldet und an Erkenntnissen über Sie selbst schenkt, wahrnehmen und würdigen.

Wenn Sie sich noch ein wenig länger mit Ihrem Herzen beschäftigen mögen, dann schlage ich Ihnen zur Unterstützung Ihres Herzensanliegens die Einheit »Der einfache Herzkreis« vor, wie meine Frau und ich ihn in unserem Buch »Leibbewegungen, Herzkreise und der Tanz der Würde« beschrieben haben.[43]

Bitte stellen Sie sich dafür möglichst sicher und entspannt hin, eventuell sogar mit dem Rücken an eine Wand oder Tür gelehnt. Vielleicht »üben« Sie zunächst allein den Herzkreis, bevor Sie ihn, wie ich Ihnen später vorschlagen werde, mit einem Gegenüber ausprobieren.

Legen Sie eine Hand auf Ihr Herz. Spüren Sie Ihren Atem ... und spüren Sie Ihr Herz einige Atemzüge lang ... Atmen Sie ein, und wenn Sie ausatmen, lösen Sie bitte Ihre Hand vom Herzen und lassen Sie sie sin-

43 Darin finden Therapeut*innen und andere Interessierte auch weitere professionelle Informationen und Anregungen dazu. Hinweisen möchte ich außerdem auf den Lehrgang »Kreative Leibtherapie – Bewegungsrituale im therapeutischen Prozess«, zu finden unter: www.semnos.de/publikationen/videolehrgänge/.

ken. Lassen Sie dann Ihre Hand einen Halbkreis nach unten und nach vorn beschreiben. Ihre Handinnenfläche zeigt dabei nach oben. Die Hand hebt sich, während Sie wieder einatmen, bis in den Raum schräg vorn über Ihnen in die Höhe und kehrt dann mit dem erneuten Ausatmen wieder zu Ihrem Herzen zurück. Ihre Hand beschreibt also einen Kreis, der von Ihrem Herzen wegführt und wieder zum Herzen hinführt; er beginnt und er endet bei Ihrem Herzen.

Dort ruht Ihre Hand während des nächsten Einatmens auf Ihrem Herzen aus. Gönnen Sie sich diesen Moment der Ruhe, gehen Sie nicht über diese Phase hinweg. Lassen Sie, während Ihre Hand auf dem Herzen liegt, eine ausgiebige Herzpause mit mehreren Atemzügen wirken. Erst dann, erst danach, löst sich Ihre Hand mit dem Ausatmen wieder von Ihrem Herzen und beschreibt den gleichen Kreis.

Führen Sie diesen Herzkreis dreimal durch. Lassen Sie dann die Hand sinken und legen Sie die andere Hand auf Ihr Herz. Vollenden Sie auch mit dieser Hand den Herzkreis dreimal.

Lassen Sie beide Hände sinken, pausieren Sie ein paar Atemzüge lang und legen Sie dann beide Hände auf Ihr Herz und bewegen Sie diesen

Herzkreis dreimal mit beiden Händen gleichzeitig. Sie können dabei jederzeit auch Ihr Tempo, die Dynamik und den Rhythmus variieren und wahrnehmen, was sich dabei verändert.

Vielleicht mögen Sie sich während des Herzkreises auch den inneren Bildern und Gedanken widmen, die dabei entstehen, wenn Sie sich Ihrem Herzen öffnen und Ihr Herz sich Ihnen öffnet und Sie sich gegenseitig berühren. Vielleicht schöpfen Sie Kraft aus diesem Bild: »Ich greife nach den Sternen und beschenke mein Herz ...«

Wenn Sie für diese Übung einen vertrauenswürdigen Menschen als Gegenüber finden, der Ihnen Aufmerksamkeit und Resonanz schenkt und vielleicht sogar in einen Herzkreis-Dialog mit Ihnen geht, dann bleibt die Herzachtsamkeit nicht nur auf Ihre eigene Person bezogen, sondern bezieht sich auch auf Menschen und Atmosphären in Ihrer Umgebung und lässt deren Impulse in Bezug auf Ihr Herz zu. Ein kreativer Akt der Heilung.

3 Mein innerer Kern

Eine verborgene, leidvolle Quelle der Leere habe ich als Kern-Leere[44] beschrieben. Hier möchte ich Ihnen nun eine kreativ-therapeutische Anregung geben, die Sie ausprobieren können, wenn der Begriff »innerer Kern« Ihr Interesse hervorruft. Die Suche nach ihm mit dem Ziel der Stärkung gelingt sicherlich, wie immer, am ehesten im heilsamen Schutzraum der Begegnung mit einem anderen Menschen.

Zunächst einmal Grundsätzliches: Den inneren Kern finden Sie, wie ich schon erwähnt habe, in keinem Anatomieatlas und auch bei keiner Ultraschalluntersuchung oder Ähnlichem, aber wir Menschen können unseren inneren Kern spüren. Es ist der Ort, von dem aus wir Entscheidungen treffen, Ja oder Nein sagen, lieben oder hassen, etwas gut finden oder etwas ablehnen. Es ist der erlebte, der leibliche Kern, von dem aus wir Impulsen in den Raum um uns folgen.

Um den inneren Kern herum gibt es verschiedene Räume, die wie Schutzschichten wirken. Dazu zählt der »intime Raum«, der die Grenzen unserer Intimität schützt. Dann der etwas weitere »Raum des Persönlichen«, der das enthält, was uns eigen ist und zu uns gehört. Und schließlich »der Raum der Begegnung« oder der »Raum der Öffentlichkeit«, in dem wir uns mit anderen austauschen.

All diese Räume sind Orte des Erlebens. Sie haben unterschiedliche Funktionen und unterschiedliches Gewicht in den verschiedenen Situationen. Wenn wir ins Leere gehen, und dies wiederholt und nachhaltig geschieht, dann werden wir verletzt und entwürdigt. Damit werden auch diese Schutzschichten, diese Räume um den inneren Kern herum verletzt. Wenn ich zum Beispiel jemandem etwas Persönliches mitteile und da weder Gehör finde noch auf Interesse stoße, dann beschädigt

44 →Teil B, Kap. 9.

dies, wenn es sich wiederholt, meine Impulse, meinen persönlichen Raum mit anderen zu teilen und mich ihnen gegenüber zu öffnen. Gleichzeitig ist die Erfahrung, mit etwas Persönlichem ins Leere zu gehen, entwürdigend. Es begegnet mir damit eine Erfahrung, eine Verletzung, Aussage und Haltung, die mir vermittelt, dass ich es nicht wert bin, Gehör zu finden, und ich nicht wichtig genug für jemand anderen bin, dass er oder sie etwas mit mir teilt.

All dies kann unseren persönlichen und auch den intimen Raum schädigen. Wenn dies mehrmals geschieht, können diese Räume ihre Funktion als Schutzschicht verlieren und der innere Kern wird immer offener und entblößter. Der Impuls der meisten Menschen besteht dann darin, diesen inneren Kern mit festen Mauern zu umgeben, manchmal sogar mit Stacheldraht. Denn wenn die Gefahr lauert, dass die verletzlichen Schutzschichten durchbrochen werden und ihr Kern beschädigt oder sogar zerstört wird, dann ist ihnen der Mauerbau zum Schutz jede Mühe wert.

Manchmal spüren die Betroffenen nur noch die Schutzbedürftigkeit und die Mauer um den inneren Kern, aber nicht mehr diesen Kern selbst. Manchmal ist der innere Kern den Menschen mit Leere-Erfahrungen auch noch zugänglich, zwar bedeckt mit Geröll, aber relativ leicht auffindbar. Manchmal ist er in Feldern der Leere verschwunden, kommt den Menschen in ihrem Gespür abhanden. Manchmal wird dieser Kern von Leere umhüllt, wenn die Leere zwischen den Menschen in den inneren Bereich des Erlebens eindringt. Bei Menschen mit massiven Leere-Erfahrungen ist er manchmal verloren gegangen, erscheint gespalten oder fragmentiert. Dann ist professionelle therapeutische Hilfe und Unterstützung dringend notwendig.[45]

Eine Möglichkeit, um ein Gespür für den inneren Kern zu entwickeln, besteht in folgender kleiner Einheit:

Setzen Sie sich bequem hin und spüren Sie Ihren Atem. Spüren Sie,

45 Anm. für Therapeut*innen: Meine Grundüberzeugung ist, dass es so etwas wie einen unzerstörbaren Kern (im Kern) gibt, den es mit seinen Fragmenten zu finden und (wieder-)aufzubauen gilt. Siehe dazu auch: Frick-Baer, Gabriele: *Kreative Traumatherapie.*

wie der Atem Sie verlässt und wieder in Sie hineinströmt, immer wieder ...

Und dann lassen Sie Ihren Atem auf eine Reise zu Ihrem inneren Kern gehen.

Wo könnte dieser innere Kern sein? ...

Vielleicht sehen oder spüren Sie ihn sofort? ...

Vielleicht hat er sich versteckt und Sie erahnen ihn eher? ...

Vielleicht nehmen Sie auch mehrere Kerne wahr? Ganz egal. Nehmen Sie wahr, was ist, und würdigen Sie, was Ihnen auf dem Weg Ihrer Suche begegnet ...

Zensieren Sie sich dabei nicht. Ihren inneren Kern entdecken Sie vielleicht in Ihrer Körpermitte oder in der Nähe Ihres Herzens, im Bauch oder im unteren Rücken, in der Stirn oder im Handgelenk ... Seien Sie offen für alles, was Sie wahrnehmen ...

Und irgendwann spüren Sie hinein in die Stelle in Ihrem Körper, in den Ort Ihres Erlebens, wo Ihr innerer Kern sich befindet oder befinden könnte (vielleicht auch sollte) ... und richten Sie Ihre Aufmerksamkeit auf diesen Bereich. Schicken Sie Ihren Atem dorthin ...

Lassen Sie Bilder entstehen von Ihrem inneren Kern, Landschaften, Figuren, Farben und Formen, konkret oder abstrakt. Unzensiert. Lassen Sie alles entstehen, was entstehen möchte ...

Und wenn Sie sicher sind, das Sie den Ort Ihres inneren Kerns, so wie er sich jetzt gezeigt hat, jederzeit mit Ihrem Atem wiederfinden können, lösen Sie sich von Ihrem inneren Bild und kehren mit Ihrer Aufmerksamkeit während einer der nächsten Atemzüge wieder in den Raum zurück.

Halten Sie einen Moment inne, lauschen Sie dem Nachklang ... und gestalten Sie dann Ihren inneren Kern. Malen Sie ihn auf die folgende Seite oder gestalten Sie ihn als Objekt, zum Beispiel mit Zeitungspapier oder irgendwelchen anderen Materialien aus dem Haushalt oder der Spielzeugkiste, mit Steinen und Federn oder was auch immer Ihnen ein- und auffällt, wenn Sie sich umschauen.

Mein innerer Kern

Als besonders kostbar haben Klient*innen, Fortbildungsteilnehmer*innen sowie meine Frau und ich den gestalterischen Prozess erlebt, wenn wir Stoffreste, Nähutensilien, Klebeband, Sicherheitsnadeln, Tacker und Ähnliches zur Verfügung gestellt haben, um dem Thema »Der Stoff, aus dem mein innerer Kern ist« Ausdruck zu geben. Wenn Sie sich Zeit und Muße nehmen mögen, Ihr Stoffgebilde zu erschaffen, dann werden Sie eine innige Freude daran haben zu beobachten, wie Ihr Kern wächst und nach und nach eine einzigartige Form und Gestalt annimmt. Nähen können müssen Sie dafür nicht.

Beginnen Sie damit, ein Stück Stoff zu ergreifen, es zu befühlen und dahingehend zu bewerten, ob es zu Ihrem inneren Kern passen könnte. Lassen Sie sich im weiteren gestalterischen Prozess von Ihren Impulsen und Einfällen und den anderen Stoffen und Materialien leiten. Ihr innerer Kern kann dreidimensional werden, Sie können ihn mit Fäden oder Wolle umhüllen oder binden, die Stoffe mit einem Tacker, Sicherheitsnadeln oder Kleber miteinander verknüpfen und festigen. Lassen Sie Ihre Hände in diesem Gestaltungsprozess schalten und walten. Das muss bzw. soll und wird keine »Reproduktion« Ihrer inneren Bilder sein, die Sie während der Reise zu Ihrem inneren Kern erlebt haben, sondern eine Weiterentwicklung, die, da bin ich sicher, für Sie erkenntnisreich sein wird.

Der Prozess Ihrer Beschäftigung mit Ihrem inneren Kern ist das Wichtige, nicht das Ergebnis. Obwohl ich mir auch da aufgrund meiner Erfahrungen mit der kreativen Kraft von Menschen sicher bin, dass Sie erstaunt sein werden, wie schön Ihr innerer Kern sein wird, wenn Sie sich von ihm und von seiner Wahrhaftigkeit und Stimmigkeit, von dem, was Sie geschaffen haben, berühren lassen.

Betrachten Sie Ihr Stoffgebilde aus allen Perspektiven, nehmen Sie es in die Hand, legen Sie es an verschiedene Stellen an Ihrem Körper, vielleicht an die Stelle Ihres inneren Ortes, aber zum Beispiel auch in den Nacken, an die Wange, in den Ellbogen, auf die Knie oder Zehenspitzen ... Und geben Sie ihm dann einen würdigenden und würdigen Platz in Ihrer Lebensumwelt, wo Sie sich immer seiner versichern können, wenn Sie wieder einmal das Gefühl haben, sich in der Leere zu verlieren. Einen Platz, an dem Sie sich Stärke und Selbstgewissheit »abholen« können. Und wenn Sie im Laufe der Zeit merken, dass sich etwas in

Ihrem Erleben verändert, was Ihren inneren Kern betrifft, dann machen Sie sich, wenn Sie mögen, an die Arbeit, entsprechend auch dieses Stoffgebilde zu verändern.

Reden Sie so viel wie möglich, so oft wie möglich und nach jedem Abschnitt dieses langen Prozesses der Beschäftigung mit Ihrem inneren Kern mit einer Person Ihres Vertrauens und tauschen Sie sich aus! Ganz wunderbar im wahrsten Sinne des Wortes könnte es sein, wenn Sie sich mit einer oder sogar mehreren Personen den »Luxus« erlauben würden, den Prozess gemeinsam zu durchlaufen. Sie ermöglichen damit diesen anderen Menschen, unabhängig vom Ausmaß ihrer Leere-Erfahrungen und deren Folgen, sich selbst zu bereichern.

4 Mein Würde-Ich

Leere ist maßlos.[46] Ich habe es schon mehrmals erwähnt, weil es so ein zentraler Aspekt ist. Sie hat keinen Anfang und kein Ende. Leere-Erfahrungen, insbesondere wenn sie sich über eine lange Zeit hinweg wiederholen und im frühen Lebensalter beginnen, tendieren dazu, als Folge ein Gefühl und ein Verhalten der Maßlosigkeit hervorzurufen. Zumindest aber haben manche Menschen mit solchen Erfahrungen Schwierigkeiten, zu wissen, zu spüren, sich sicher zu sein, welches ihr Maß ist. Oft versuchen sie es dann mit dem »Mehr, doch das taugt nicht als Maß: mehr Alkohol, mehr Anstrengung, mehr Leistung, mehr Mühe ... Das führt zur Erschöpfung, aber nicht zum Glück und zur Befriedigung.

Das Maß, das ich Ihnen und anderen Menschen hier empfehle, ist Ihre Würde. Würde entstammt dem mittelhochdeutschen Wort *werde*, das »Wert« bedeutet. Würde ist der Wert, den Sie sich zumessen und den Sie von anderen Menschen zugesprochen bekommen. Würde ist also kein Zustand oder eine Eigenschaft, sondern etwas, das immer wieder in zwischenmenschlichen Beziehungen gelebt und erlebt werden muss. Zu Würde gibt es auch ein Verb: würdigen. Indem ich andere Menschen würdige und von ihnen gewürdigt werde, entsteht Würde. Allerdings nicht durch Sonntagsreden oder Absichtserklärungen.

Leere-Erfahrungen sind eine Verletzung der menschlichen Würde. Wenn ich einen Menschen ins Leere gehen lasse, entwürdige ich ihn. Er ist dann meine Aufmerksamkeit und Achtung nicht wert. Dies kann gelegentlich geschehen, zum Beispiel in einer Situation, in der ich überfordert bin. Doch wenn sich Entwürdigungen wiederholen und zu einer anhaltenden Erfahrung werden, wie es das für Sie vielleicht ge-

---

46 →Teil A, Kap. 4.

worden ist, dann sind Sie nicht oder nicht genug wertgeschätzt, nicht angemessen gewürdigt worden. Umso wichtiger ist es, dass Sie sich Ihrem Anspruch und Ihrem Recht auf Würdigung bewusst sind und für Ihre Würde eintreten, so gut Sie es vermögen. Doch wie geht das?

Aus der Fülle der Möglichkeiten möchte ich Ihnen hier zwei Hinweise geben. Als Erstes empfehle ich, dass Sie wenn möglich mit einem anderen Menschen über Ihre Erfahrungen sprechen: Erinnern Sie sich an Situationen, in denen Sie entwürdigt oder in denen Sie gewürdigt wurden? Woran haben Sie das gespürt? Wie und wo in Ihrem Inneren oder in der Begegnung haben Sie das wahrgenommen?

Schenken Sie sich und Ihren Einfällen und auch denen Ihres Gegenübers Aufmerksamkeit. Was Sie damit an Erkenntnissen gewinnen, dürfte viele Aspekte beinhalten, die sowohl die Leere-Erfahrungen würdigen als auch – und das ist in diesem Kapitel mein Hauptanliegen – die gegenteiligen, die heilsamen Erfahrungen ins Gedächtnis bringen, um diese ebenfalls zu würdigen.

Meine zweite Empfehlung speist sich aus dem gleichen Anliegen, und deshalb stelle ich Ihnen den inneren Ort vor, den wir »Würde-Ich« genannt haben.[47] Diesen finden Sie genauso wie Ihren inneren Kern auf keinem Röntgenbild oder im Anatomieatlas, aber Sie können Ihr Würde-Ich spüren, wenn Sie ihm Aufmerksamkeit schenken. Es ist Ihr innerer Ort, Ihre innere Instanz, von der aus Sie spüren, ob Sie würdigen oder nicht bzw. ob Sie entwürdigt oder gewürdigt werden.

Bitte vertrauen Sie (wie ich) dabei auf Ihre spontane Reaktion, auf Ihre unmittelbare Resonanz auf diesen Begriff.

Wo verorten Sie Ihr Würde-Ich? Legen Sie bitte Ihre Hand oder beide Hände dorthin, spüren Sie Ihren Atem in Ihren Händen und wie Ihre Hände Ihren Atem begleiten.

Vielleicht entsteht dabei schon eine Vorstellung von Ihrem Würde-Ich, vielleicht helfen Ihnen auch die folgenden Stichworte dabei, sich das Spektrum der Bedeutung von Würde zu erschließen: sich selbst wahrnehmen und ernst nehmen, sich selbst achten und wertschätzen, sich selbst Respekt und Mitgefühl zollen, sich selbst gegenüber freund-

47 Baer, Udo & Frick-Baer, Gabriele: *Deine Würde entscheidet.*

lich gesonnen sein und wehrhaft sein ... zusammengefasst: sich würdigen.

Gestalten Sie nun Ihr Würde-Ich. Legen Sie dabei immer mal wieder zwischendurch Ihre Hand auf den Ort Ihres Würde-Ichs. Malen Sie es auf der folgenden Seite, gestalten Sie es aus Papier oder Stoff oder welches Material auch immer Ihnen würdig erscheint.

Mein Würde-Ich

Und dann sinnieren Sie auch – vielleicht während Sie dabei weiter malen oder gestalten – darüber, welches Gegenüber, welchen Menschen oder welche Menschen Sie brauchen, vielleicht sogar kennen, die Sie würdigen können und damit es zu einer in diesem Sinne würdigen Begegnung kommen kann. Lassen Sie beim Gestalten Ihren Händen und Ihrer Fantasie freien Lauf … So kann Ihr Würde-Ich sichtbar und greifbar werden. Vielleicht ändert sich in Ihnen die Gestalt Ihres Würde-Ichs nach einigen Wochen oder Monaten. Gestalten Sie dann auch Ihr Bild davon um, verändern Sie es oder malen Sie es neu. Es ist Ihr Würde-Ich und Ihre Chance, ihm Ausdruck zu verleihen.

Sollten Sie die Möglichkeit haben, im konkreten geschützten Rahmen einem vertrauenswürdigen Gegenüber zu begegnen, dann probieren Sie mit ihm oder ihr auf Ihre ganz eigene Art und Weise Ihr Würde-Ich aus. Vielleicht ist da die Person, mit der Sie sich am Anfang ausgetauscht haben oder die Sie sogar den ganzen Prozess über mit all den Irrungen, Windungen und Wendungen begleitet hat, das richtige Gegenüber für Sie. Dies könnte ein Anfang dafür sein, die Würde als Gegenteil der Entwürdigung durch Leere-Erfahrungen »in die Welt« zu bringen.[48]

---

48 Anm. für Therapeut*innen: Es könnte für Sie interessant sein, die kreativ-therapeutische Methode des »Würde-Fächers« kennenzulernen und mit ihr prozesshaft zu arbeiten (siehe dazu: Baer, Udo & Frick-Baer, Gabriele: *Deine Würde entscheidet*). Er hat eine Vorderseite, auf der zum Beispiel in einer der Fächerfalten »Selbstachtung« oder »Ich respektiere mich« stehen könnte, und eine Rückseite, die sich nach außen, zu den anderen hin richtet und auf der dann beispielsweise stehen würde: »Ich achte andere« oder »Ich respektiere andere«.

5 Wirksamkeit

Viele Menschen, die selbst unter Leere-Erfahrungen leiden, aber auch die, die sie therapeutisch begleiten oder mit ihnen leben, versuchen mehr oder minder verzweifelt, die Leere zu füllen. Alle Beteiligten strengen sich dabei über die Maßen an. Doch die Alternative zur Leere ist nicht das Füllen, denn die Leere hat keinen Boden. Letzten Endes hilft das Füllen also nicht, letztendlich ist das Bemühen aussichtslos. Je mehr die eventuell kurzfristige Wirkung nachlässt, umso mehr muss nachgefüllt werden. Doch dieses Mehr und Immer-Mehr führt zur Maßlosigkeit und verlängert das Leiden bei den betroffenen Menschen selbst und die Hilflosigkeit und Aussichtslosigkeit bei den anderen.

Für die meisten ist ein bedeutsames Gegenteil der Leere die Erfahrung von Wirksamkeit. Wenn Sie ins Leere greifen, schauen, sprechen, sind Sie unwirksam. Die Folge ist wahrscheinlich, dass Sie sich als wertlos oder zu wenig wert empfinden, nicht wertvoll genug, um gesehen, gehalten, gehört, beachtet zu werden. Wenn wir nicht wahrgenommen oder ernst genommen werden, wenn wir mit unseren Impulsen an den anderen Menschen »vorbeigehen«, dann sind dies Leere-Erfahrungen. Das meine ich mit dem Gefühl der Unwirksamkeit. Es geht nicht darum, immer Recht oder Zustimmung zu bekommen bei allem, was Sie äußern, nein, es geht darum, dass Sie ernst genommen werden. Auch ein guter Streit kann eine Erfahrung von Wirksamkeit sein und vermittelt: »Ich bin es wert, dass man sich mit mir reibt und auseinandersetzt!«

Also noch einmal: Ein wesentliches Gegenteil von Leere sind Erfahrungen der Wirksamkeit. Deswegen bitte ich Sie, ein kleines Experiment durchzuführen. Nutzen Sie das dafür vorgesehene Notizbuch oder den Platz auf den Seiten 185 und 187.

Auf die erste Seite schreiben Sie, welche Wirksamkeitserfahrungen Sie in der Vergangenheit gemacht haben und gegenwärtig machen. Notieren Sie dabei alles, was Ihnen in den Sinn kommt. Seien Sie ausnahmsweise »kleinlich«, das heißt, würdigen Sie auch ganz alltägliche und berufliche Dinge, Tätigkeiten und Routinen, die Sie sonst in der Bedeutungslosigkeit verschwinden lassen. Eine Blume oder ein anderes Gewächs zu pflanzen und ihr Wachstum zu fördern, ist zum Beispiel eine Erfahrung von Wirksamkeit. Ebenso, einen Kuchen zu backen oder ein Fahrrad zu reparieren, mit einem Kind zu spielen oder die Klagen der Nachbarin anzuhören. Auch beruflich werden Sie wahrscheinlich Erfahrungen gemacht haben oder machen, in denen Sie Wirkung hervorrufen, auch über die rein arbeitsbezogenen Selbstverständlichkeiten hinaus. Welche fallen Ihnen ein? Und welche kreativen Aktivitäten kommen Ihnen in den Sinn oder haben Sie in Ihrem Leben ausprobiert, in denen Sie wirksam waren? Schon das weiße Blatt Papier mit Farbe zu füllen oder auf einem Musikinstrument Töne erklingen zu lassen, die in den Raum schallen, ist eine Erfahrung der Wirksamkeit. Lassen Sie sich ein wenig Zeit. Notieren Sie alles, was Ihnen in den Sinn kommt.

Meine Wirksamkeitserfahrungen

Überlegen Sie dann (wenn möglich gemeinsam mit einer anderen Person), welche Wirksamkeitsaktivitäten Ihnen besondere Freude machen und welche Sie vielleicht gerne ausbauen und erweitern möchten. Und halten Sie fest, was dazu der erste Schritt sein könnte.

Nehmen Sie dann die nächste leere Seite mit den drei Spalten oder legen Sie Ihr Notizbuch quer und markieren Sie sich auf einer Seite die drei Spalten. In das eine Feld notieren Sie die Personen, mit denen Sie Erfahrungen der Wirksamkeit machen konnten, die Ihnen zugehört haben, die auf Sie reagiert haben – in welcher Form auch immer –, die in Ihnen etwas hervorgerufen haben, die Ihnen nicht egal waren oder denen Sie nicht egal sind.

In die zweite Spalte notieren Sie die Menschen, mit denen Sie die Erfahrung gemacht haben, ins Leere gegangen und unwirksam gewesen zu sein. In die dritte Spalte tragen Sie die Menschen ein, bei denen die Erfahrungen mal so und mal anders waren und sind.

Auch hier empfehle ich, sich dies gemeinsam mit einer anderen Person Ihres Vertrauens anzuschauen und darüber zu sprechen. Die andere Person muss diese Menschen nicht kennen, sollte aber neugierig sein und Fragen stellen. Manchmal kann es sogar besser sein, wenn die andere Person die Menschen auf Ihrer Liste nicht kennt, weil sie sich dann möglicherweise unvoreingenommener auf Sie und Ihr Erleben einlassen kann.

Im nächsten Schritt geht es darum, möglichst ein oder zwei Menschen aus Ihrer Liste auszusuchen, mit denen Sie immer oder überwiegend Wirksamkeitserfahrungen machen, und zu überlegen, wie Sie den Kontakt oder die Begegnung mit ihnen intensivieren und ausweiten können. Bei Menschen, denen gegenüber Sie sich als unwirksam erleben, schlage ich vor, dass Sie sich selbst die Erlaubnis geben, den Kontakt abzubrechen oder – wenn ein Abbruch aus beruflichen oder familiären Gründen nicht möglich ist – ihn zu minimieren.

Wirksamkeit, so möchte ich es noch einmal verdeutlichen, erfahren wir Menschen auf zwei Ebenen: Die Erste besteht darin, dass wir mit unseren eigenen Impulsen Materialien verändern und sie gestalten können und damit etwas kreieren, schaffen und bewirken. Wie wirksam kreative Gestaltungen gegen Leere-Erfahrungen wirken können, haben Sie vielleicht schon mehr oder weniger ausgiebig mit dem Malen und Gestalten der Leere, Ihres inneren Kerns, Ihres Würde-Ichs, dem Ausprobieren des Herzkreises und Ähnlichem gemacht.

Noch wichtiger ist die zweite Ebene: Wir brauchen Erfahrungen mit Menschen, denen gegenüber wir wirksam sind. Leere-Erfahrungen mit all den beschriebenen negativen Folgen entstehen nicht daraus, dass eine Fahrradreparatur nicht gelingt oder der Schreibtisch immer noch nicht aufgeräumt ist. Sie entstehen vor allem aus Beziehungserfahrungen, also Erfahrungen der Unwirksamkeit mit anderen. Darum geht es in erster Linie.

Wenn Sie Erfahrungen der Unwirksamkeit gemacht haben, dann brauchen Sie Menschen als Gegenüber, die sich für Sie interessieren, die in Resonanz mit Ihnen gehen, Mitgefühl zeigen, Ich-Sätze sagen, mit Ihren Meinungen und Haltungen nicht hinterm Berg halten, ohne Sie Ihnen aufzudrängen, die im Dialog greifbar und spürbar sind und

Ihre Fragen so aufrichtig wie möglich beantworten. Kurz: Sie brauchen Menschen, die sich Ihnen nicht entziehen, die Ihnen zeigen, dass Sie sie berühren, dass Sie wirksam sind.[49]

49 Anm. für Therapeut*innen: Meine therapeutische Haltung und Meinung dazu ist: Seien Sie Ihren Klient*innen mit Leere-Erfahrungen dieses Gegenüber. Unterstützen Sie sie mit Wirksamkeitserfahrungen durch Materialien und durch Beziehungserfahrungen mit Ihnen.

6 Gerichtet sein

In der Leere gibt es keine Richtungen, es herrscht Orientierungslosigkeit. Das Gerichtetsein von Menschen, die viele Leere-Erfahrungen erdulden mussten, wird notgedrungen abgeschwächt oder gar gestört sein. Sich in bestimmte Richtungen zu orientieren, ist ein grundlegender Bestandteil menschlicher Fähigkeiten und menschlichen Erlebens. Ich kann mit meinen Schritten nach vorne gehen und ein Ziel anstreben. Ich kann mich vorwärts orientieren, oder es hält mich etwas in meiner Bewegung nach vorne in meinen nächsten Schritten zurück. Ich kann mich nach hinten orientieren. Man kann mir in den Rücken fallen, oder ich kann Rückendeckung erfahren. »Vor« und »zurück« sind Bezeichnungen für Bewegungen des Körpers, aber auch für Bewegungen des Erlebens. Ähnliches gilt für oben und unten, hoch und hinunter. Etwas schwebt über mir oder drückt mich nieder. Ich habe einen sicheren Boden unter den Füßen oder ich verliere ihn oder sinke vor Scham in den Boden ... Rechts und links, innen und außen sind ebenfalls Richtungen unseres Erlebens.

Wenn Sie sich zu viel in der Leere bewegt haben, konnten Sie nur wenig Erfahrungen in diesen Erlebensrichtungen und diesem Gerichtetsein machen. Leere kennt keine Richtung, also kann das Gerichtetsein verkümmern. Umso wichtiger ist es, dass Sie aufmerksam für gelebte und erlebte Richtungen jeder Art sind. Wenn es nicht hilft, sich immer stärker anzustrengen, sich immer weiter nach vorne zu bewegen und etwas Entsprechendes zu leisten, ist es sinnvoll, darauf zu achten, was hinter einem liegt und wer einem Rückendeckung gibt oder geben könnte. Wer nach oben streben möchte, sollte nicht den Boden unter den Füßen verlieren, sondern auf ihn achten und ihn festigen. Diese Achtsamkeit, die schon manchem Menschen mit Leere-Erfahrungen geholfen hat, möchte ich Ihnen empfehlen.

Sollten Sie üben wollen, gerichtet zu sein und Ihr Richtungsempfinden zu stärken, dann empfehle ich Ihnen zu tanzen, egal welche Art des Tanzes, vor allem den Tanz, der Ihnen Spaß macht. Im Standardtanz sind jeder Tanzschritt – vor, seitlich, zurück, diagonal – und jede Tanzchoreografie ein Ausdruck eines Gerichtetseins in unterschiedliche Richtungen. Doch auch im offenen Tanz schlagen Sie Richtungen ein, auf andere zu, von anderen weg, in den Raum rechts und links von Ihnen und bewegen sich zwischen oben und unten. Nicht so organisiert und formalisiert wie im Standardtanz, doch die Richtungswechsel machen den Tanz aus oder begleiten ihn zumindest.

Wenn es Sie reizt, sich in Richtungs-Leibbewegungen[50] auch im Alltag bewusst auszuprobieren, dann tanzen Sie auch da! Machen Sie zum Beispiel aus dem gradlinigen und routinierten Gang zur Waschmaschine, zum Frühstückstisch oder wohin auch immer einen Tanz. Sie werden merken, wie anders sich die bewusste, dennoch spontane, an keiner festen Choreografie ausgerichtete Bewegung anfühlt und inneren Freiraum gibt …

Ein weiterer Hinweis betrifft die Beziehungen zu anderen Menschen. Ein kleines anderes Experiment, das ich Ihnen da ans Herz legen möchte, ist, Folgendes zu wagen:

Stellen Sie sich vor, ein anderer Mensch stünde vor Ihnen – oder stellen Sie sich, wenn möglich, tatsächlich gegenüber einem anderen vertrauten und experimentierfreudigen Menschen hin – und Sie äußern einen Impuls, einen Wunsch: »Ich möchte …« Begleiten Sie diesen »Ich möchte«-Satz mit einer Geste, die sich an diesen anderen Menschen richtet.

Als zweiten Schritt formulieren Sie den Satz etwas anders und sagen: »Ich wünsche von Ihnen, dass …« oder »Ich wünsche mir von dir, dass …« Auch diesen Satz begleiten Sie mit einer Bewegung oder einer kleinen Geste.

Drittens sagen Sie zu diesem (vorgestellten oder konkreten) Menschen: »Ich erwarte, dass …« oder »Ich erwarte von dir, dass …« Auch

50 Anm. für Therapeut*innen: Ausführliche Anregungen dazu finden Sie in: Baer, Udo & Frick-Baer, Gabriele: *Leibbewegungen, Herzkreise und der Tanz der Würde.*

hier probieren Sie, eine Geste oder Bewegung zu finden, die sich an diesen Menschen richtet.

Ich möchte – ich wünsche – ich erwarte – sind verschiedene Intensitäten des Gerichtetseins. Probieren Sie sie aus.

7 Meinhaftigkeit

Das Wort »Meinhaftigkeit« ist ungewohnt und mag kompliziert klingen, ist aber einfach zu verstehen. Der Begriff stammt aus der Philosophie und meint die Gewissheit, dass etwas zu einem Menschen selbst gehört. Wenn Sie mit Ihrem linken Finger auf Ihre Nase fassen und diese berühren, werden Sie nicht darüber nachdenken, dass der linke Finger zu Ihnen gehört und dass es sich um Ihre Nase und nicht um die eines anderen Menschen handelt. Dieses grundlegende Erleben der Meinhaftigkeit ist den meisten Menschen gegeben. Erst schwere, sehr schwere psychische Erkrankungen können diese Aspekte von Meinhaftigkeit irritieren oder zerstören.

Doch es gibt Felder der Meinhaftigkeit, in denen die Einfachheit des Verständnisses schwindet. Wenn Sie Angst haben, kann es vorkommen, dass Sie sich vielleicht nicht sicher sind, ob dies Ihre Angst ist oder zum Beispiel die Angst Ihrer Mutter, Ihres Partners oder Ihrer Partnerin. Wenn ein*e Freund*in vorschlägt, mit Ihnen essen zu gehen, und Sie zustimmen, kann es sich lohnen, einen Moment innezuhalten und zu überprüfen, ob das wirklich auch Ihr Wunsch ist oder ob Sie das nur tun, um der anderen Person zu gefallen. Es ist völlig legitim, auch Impulsen zu folgen, die nicht meinhaftig sind, sondern den Bedürfnissen anderer entspringen. Warum auch nicht?! Entscheidend ist, sich selbst zuzugestehen, eine Wahl treffen zu können.

Menschen, die viel Leere erleben mussten, haben oft die Erfahrung gemacht, dass ihre Meinhaftigkeit kein Echo fand. Die Leere, die sie umgab oder umgibt, sickert in ihr eigenes Erleben ein und produziert Leerstellen, leere Inseln. Diese leeren Inseln können Bereiche der Meinhaftigkeit erreichen und diese verunsichern. Für Menschen mit massiven Leere-Erfahrungen ist die Meinhaftigkeit nur selten selbstverständlich. Für sie ist es deswegen notwendig, ihrer Meinhaftigkeit gewahr zu werden und sie wiederzugewinnen. Das beginnt mit Fragen wie diesen:

- Möchte ich das?
- Was ist mein Interesse?
- Was ist mein Gefühl, mein Impuls, meine Meinung?
- Was ist mein Wunsch?
- Welche sind meine Gedanken?

Nehmen Sie die folgende leere Seite und malen Sie anhand dieser Fragen Ihren »Baum der Meinhaftigkeit«. Gestalten Sie ihn nach Ihren Einfällen.

Mein Baum der Meinhaftigkeit

Sich diese Fragen zu stellen und Antworten zu suchen, wird nicht immer einfach sein, aber es lohnt sich. Es ist eine Art Training, das Leerräume füllt.

Falls Sie Bedenken haben, dass Sie zu egoistisch sind, wenn Sie sich in Meinhaftigkeit üben und auf Ihre Wünsche und Bedürfnisse achten, dann möchte ich Ihnen den Unterschied zwischen Egoismus und Eigensinn ans Herz legen. Denn Meinhaftigkeit hat nichts oder im Zweifel wenig mit Egoismus, aber viel mit Eigensinn zu tun. Eigensinn und Meinhaftigkeit vertragen sich gut miteinander. Eigensinn heißt, einen Sinn für das Eigene zu haben, also einen Eigen-Sinn. Ich durfte immer wieder die Erfahrung machen, dass Menschen, die ihre Meinhaftigkeit und damit Ihren Eigensinn würdigen, es nicht nötig haben, dies auf Kosten anderer zu tun, indem sie egoistisch sind, andere verletzen, sich über andere stellen oder diese abwerten.

Und es gibt noch einen weiteren Aspekt, warum sich das Bewusstsein und die Achtsamkeit für Meinhaftigkeit lohnen: Wenn ich nicht weiß, was ich will und was meine Interessen und Wünsche sind, kann ich keine Kompromisse eingehen. Nur wenn ich meine Impulse und Wünsche kenne und ernst nehme, kann ich mich entscheiden, ob ich ihnen nachgehe oder ob ich sie zugunsten einer anderen Person in einer konkreten Situation zurückstelle. Auch deswegen ist das Üben der Meinhaftigkeit eine Alternative zu Leere-Erfahrungen und ein Weg, der hilft, diese zu überwinden.

Hier noch zwei Empfehlungen für den Alltag: Singen Sie! Lassen Sie Ihren Atem erklingen und lauschen Sie ihm: Wie klingt Ihr Atem? Welches sind Ihre ganz eigenen »meinhaftigen« Töne? Was hören Sie? Wie ist Ihre Stimmung? Wie verändert sie sich beim Tönen Ihr Atem?

Und meine zweite Empfehlung zum Üben von Meinhaftigkeit, die etwas mehr Dynamik zulässt und die Luft um Sie herum mit wunderbarem Sinn und Unsinn füllt, lautet: Singen Sie »Arien«! Vertonen Sie all die Sätze und Gedanken, die Ihnen beim Spülen, beim Aufräumen oder bei welchen Tätigkeiten auch immer durch den Kopf gehen oder huschen, als ob sie Sänger*in in einer großen Oper wären. Mit Scheu oder Inbrunst oder wie es Ihnen sonst gefällt. Experimentieren Sie. Überraschen Sie sich selbst.

8 Trauern: »Was habe ich verloren? Was habe ich nie gehabt?«

Viele Menschen erfahren Leere, wenn sie etwas verloren haben. Etwas ist nicht mehr da, und dann werden sie nicht getröstet und können sich nicht mitteilen und ihren Schmerz teilen. Dann steht es an zu trauern. Trauern ist begleitet von dem Gefühl des Loslassens. Loslassen produziert Trauer, und Trauer unterstützt, etwas loszulassen. Doch Voraussetzung dafür ist, dass diese Trauer mit anderen Menschen gemeinsam gelebt werden kann, wenigstens teilweise. Wenn Menschen allein trauern oder keine Vorbilder haben, um zu trauern, oder ihnen das Trauern verboten wurde, erstickt oder erlischt die Trauer allmählich. Der Schmerz um das Verlorene kann sich dann verewigen.

Wenn Menschen trauern und diese Trauer mit anderen Menschen teilen, dann wird das, was an Leere da ist, nicht einfach gefüllt oder ersetzt, und auch der Schmerz verschwindet nicht plötzlich. Der Verlust bleibt präsent, doch das Trauern kann helfen, dass der Schmerz erträglicher wird und dass Sie damit leben können. Deswegen appelliere ich an Sie und ermutige ich Sie, alle Gelegenheiten zu nutzen, um zu trauern und die Gefühle des Trauerns mit anderen zu teilen, so gut es geht und so, wie Sie es möchten und können.

Besonders schwierig ist es, um etwas zu trauern, was es nie gab, zum Beispiel eine liebevolle Mutter oder ein aus der Einsamkeit rettendes Geschwisterkind. Vielleicht mögen Sie sich einige Fragen stellen oder stellen lassen, die ein Türöffner sein könnten, um sich mit der Leere Ihres Verlustes oder dessen, was Sie nie gehabt haben, auseinanderzusetzen:

- Was hätte ich gerne gehabt?

___

___

___

- Was hat mir gefehlt?

___

___

___

- Was hätte ich gebraucht?

___

___

___

- Wonach habe ich mich gesehnt?

___

___

___

Damit trauernd umgehen zu können, geht besser, wenn sie nicht allein damit sind. Um sich diesen Fragen zu stellen, ist ein gewisses Maß an Mut notwendig. Der wird stärker, wenn Sie von einer anderen Person ermutigt werden. Um sich mit den Antworten auseinanderzusetzen, gilt dies erst recht. Suchen Sie sich eine Person Ihres Vertrauens und gehen Sie gemeinsam auf Entdeckungsreise.

Dazu möchte ich Ihnen noch drei kreativ-therapeutische Anregungen geben, die sich neben dem verbalen Austausch anbieten, um sich mit Ihrer Traurigkeit, Ihren eigenen Verlusten und Ihren eigenen Leere-Erfahrungen auseinanderzusetzen:

- Gestalten Sie für das, was Sie verloren haben, eine Abschiedskarte. Nehmen Sie dafür eine auf beiden Seiten weiße Postkarte oder schneiden Sie sich aus weißer Pappe oder weißem Papier eine zurecht. Malen Sie auf die eine Seite, was Ihnen einfällt zu Ihren Verlusten und Ihrer Traurigkeit, und schreiben Sie auf die andere Seite ein paar Worte oder Zeilen dazu. Lassen Sie das, was Sie sehen und lesen, auf sich wirken. Lassen Sie sich Zeit zum Trauern und Loslassen und tauschen Sie sich, wenn möglich, darüber mit der anderen Person aus. Nehmen Sie auch die Entscheidung ernst, was Sie letztendlich mit der Abschiedskarte machen möchten. Vielleicht heben Sie sie an einem besonderen Ort auf oder sie bekommt einen Rahmen. Vielleicht adressieren Sie sie an einen anderen Menschen und schicken sie ihm – oder auch nicht. Vielleicht legen Sie sie auf einen Grabstein oder einen anderen für Sie wichtigen Ort. Vielleicht verbrennen Sie sie und schicken den Rauch in den Himmel oder in das Universum ... Sie werden wissen, was stimmig für Sie ist.
- Schreiben Sie einen Brief, zum Beispiel an den Menschen, den Sie nie gehabt haben in der Form, in dem sie ihn sich ersehnt und erwünscht haben. Schreiben Sie sich den Schmerz von der Seele.
- Singen Sie dem, was Sie verloren oder nie gehabt haben, ein Ständchen. Improvisieren Sie mit den Worten, die Ihnen einfallen, oder singen Sie das Lied, das Ihnen dazu einfällt ... Singen kann der Trauer eine Stimme geben. Hören Sie sich zu.

Gestatten Sie sich Tränen. Sie gehören zu unserem Prozess des Trauerns dazu. Teilen Sie Ihre Traurigkeit, dann kommt und geht sie wieder. Denn mit jeder Träne verlässt ein Stück des Kummers unser Herz.

9 Verbindungsobjekte

Wenn Menschen in der Leere zu versinken drohen, weil sie etwas so Elementares wie ihre Heimat verloren haben, dann bedürfen sie der »Verbindungsobjekte«. Diesen Begriff führte der US-amerikanische Traumatherapeut und Psychoanalytiker Vamik Volkan in die Arbeit mit traumatisierten geflüchteten Menschen ein: Verbindungsobjekte »verbinden die Flüchtenden mit dem, was in der Vergangenheit war. Du kannst nicht in ein anderes Land gehen, ohne eine irgendwie geartete Verbindung zum vorherigen Leben mitzubringen, sonst wärest du ein Niemand. Man braucht Verbindungsobjekte, das kann ein Geruch sein, ein Foto, ein Lied, ein Ding.«[51]

»Sonst wärest du ein Niemand« – das ist sehr drastisch formuliert, wird aber nach meiner Erfahrung dem Leere-Erleben vieler geflüchteter Menschen ohne Verbindung zur verlorenen Heimat in ihrer Not gerecht. Nicht vorhandene Verbindungsobjekte bezeichne ich als »leere Verbindungsobjekte«. Sind Verbindungsobjekte nicht vorhanden oder gehen sie verloren, erleben die Menschen dies als katastrophal. Dann ist nur noch Leere da, aber nichts anderes mehr, an das man sich wenigstens ein bisschen halten kann. Und wenn gar nichts da ist, kann man auch nicht trauern, kann man nicht die Heimat und die oft schrecklichen Erfahrungen loslassen.

Gerade weil mir in meiner therapeutischen und pädagogischen Arbeit mit geflüchteten Kindern aus Syrien und aus der Ukraine und mit Helfenden im türkischen Erdbebengebiet ganz besonders die Notwendigkeit und Bedeutung von Verbindungsobjekten nahegegangen ist, möchte ich Ihnen entgegen meiner sonstigen Gewohnheit in diesem Kapitel ein paar Beispiele aus diesem Umfeld erzählen.

---

51 »Atmen, wo jemand Feuer legt«. Gespräch von Bettina Schötz und Waltraud Schwan mit Vamik Volkan in taz am Wochenende vom 12.12.2015.

Ein Kind, das seine Katze auf der Flucht verloren hatte, war am Boden zerstört. Dieser Verlust war für das Kind schlimmer als die Flucht und alles andere. Ein anderes hatte seine Puppe verloren, auch dieses Kind erlebte das als Katastrophe und erstarrte.

Ein Mädchen hatte während der Flucht aus Syrien seinen Teddy verloren. Es war untröstlich, bekam Angstzustände, schlief nicht mehr und wirkte verstört. Die Eltern hatten ihm ein neues Stofftier geschenkt, aber das konnte nicht helfen. Also versuchte ich, eine Verbindung zwischen etwas Neuem und dem verlorenen Teddy zu schaffen, der für die verloren gegangene Heimat und Geborgenheit stand. Ich erzählte dem Mädchen im Beisein der Mutter eine Geschichte. Ohne die Ausschmückungen bestand ihr Kern darin, dass es die Aufgabe von Teddys sei, immer auf Kinder aufzupassen. Sein Teddy, versicherte ich ihm, passe jetzt bestimmt auf ein anderes Kind in Syrien auf. Aber sein Teddy habe, wie mir gesagt worden sei, eine Schwester. Die sei schon in Deutschland und warte darauf, dass ein Mädchen sie erkennt und entdeckt und zu sich nimmt. Das Mädchen fragte, wo denn die Teddyschwester sei, damit es sie finden könne. Ich erzählte, dass sie in einem Geschäft auf ein Mädchen wie es warte, das sie lieb habe und mitnehme – dann könne sie auch auf dieses Mädchen aufpassen. Die Mutter, das Mädchen und ich gingen in ein Spielwarengeschäft, und das Mädchen entdeckte »seine« Teddyschwester. Eine neue Verbindung war geboren.

Und nun möchte ich Sie, anknüpfend an das vorangegangene Kapitel, dazu anregen, sich noch einmal neu bzw. ein bisschen anders mit der Fragen zu beschäftigen: »Was habe ich verloren? Was habe ich nie gehabt?«

Finden Sie ein Verbindungsobjekt, ein Foto, ein Buch, ein Bild, einen Gegenstand, etwas, dass Sie mit dem Verlorenen oder Nicht-Vorhandenen verbindet.

Falls Sie kein Verbindungsobjekt finden, dann gestalten Sie ein Leere-Verbindungsobjekt, ein Objekt also, das Sie verwenden können, um der Leere ein anderes Gesicht zu geben. Das ist mein Vorschlag. Malen Sie sich ein Bild, gestalten Sie eine Skulptur, erzählen Sie sich eine Geschichte, wie Sie sie geliebt hätten. Kochen Sie sich ein Essen, das Ihrer Sehnsucht den Geschmack gibt, verbinden Sie sich über Musik mit dem Verlorenen oder Nicht-Vorhandenen oder was immer Ihnen in den Sinn kommt.

Meiner Erfahrung nach braucht es oftmals Verbindungsobjekte zwischen dem Alten und dem Neuen, um in der Leere des Verlustes wenigstens einen kleinen Anker zu schaffen, von dem aus dann die Verbindungen zur Gegenwart möglich sind. Dann fällt es viel leichter, über Verluste zu trauern – eine Voraussetzung dafür, dass neue, gute und erfüllende Erfahrungen im Jetzt und in der Zukunft nicht im leeren Loch des Verlustes verschwinden, sondern von Ihnen wahrgenommen, wertgeschätzt und integriert werden können.

10 Die Sprache der Gefühle lernen

Gefühle lernen muss eigentlich kein Mensch, wohl aber die Worte, um Gefühle zu benennen und mitzuteilen. Wir werden mit der Fähigkeit zu fühlen geboren. Wir lernen dies von den Menschen, mit denen wir zu tun haben, mit denen wir aufwachsen und leben. Wir lernen es auch aus der Literatur und aus Bildern und Filmen. Wir sind darauf angewiesen, dass andere uns ihre Gefühle zeigen und dass sie uns auch unsere Gefühle spiegeln und sie benennen. Wir erkennen daran, wie sie ihre Gefühle ausleben und welche Worte sie dafür nutzen. Wir lernen von anderen die Sprache der Gefühle. Wenn Menschen immer wieder mit ihren Gefühlen ins Leere gehen, kommen ihnen manchmal nicht nur die Worte für ihre Gefühle abhanden, sondern auch die Selbstverständlichkeit, mit der sie Gefühle bei sich und anderen wahrnehmen, differenzieren und ausdrücken können.

Eine, wie ich finde, hilfreiche und interessante Art, Gefühle wahrzunehmen und ihre Sprache zu lernen oder wiederzubeleben, wenn sie von Leere-Erfahrungen verschluckt worden sind, ist der Gefühlsstern[52], den ich Ihnen hiermit als Arbeitsempfehlung ans Herz legen möchte.

- Nehmen Sie sich bitte einiges an Zeit und Muße. Arbeiten Sie vielleicht in Etappen daran.
- Zeichnen Sie einen Kreis (oder einen vieleckigen Stern) auf ein weißes Blatt Papier und teilen Sie diesen Kreis in zwölf Felder, sodass es eher wie eine Torte als wie ein Stern aussieht. (Aber Stern klingt poetischer.) Sie können auch den Kreis auf der folgenden Seite dafür nutzen.

---

52 Baer, Udo: *Kunsttherapie – Gefühlssterne, Angstfresser, Verwandlungsbilder.*

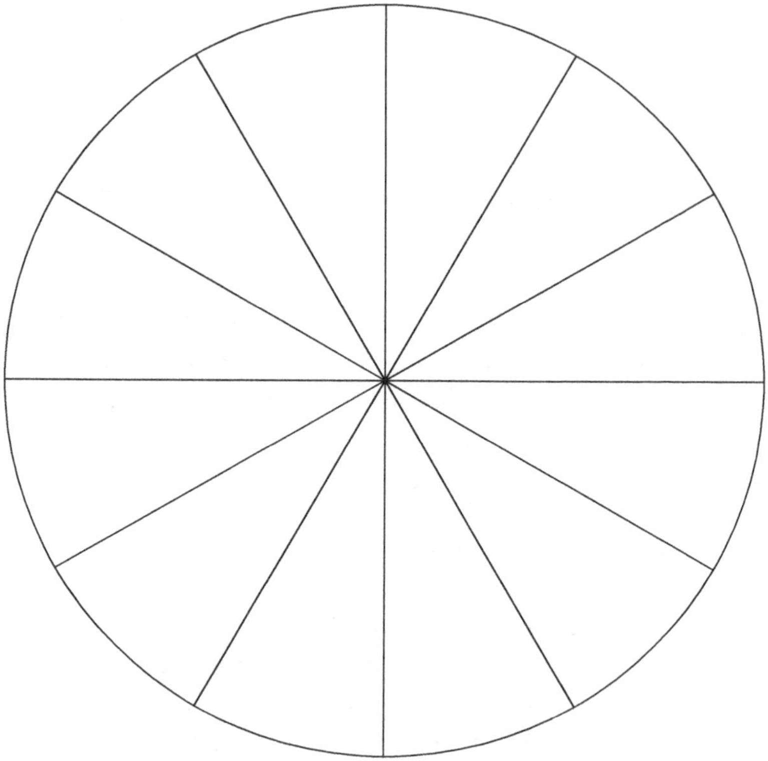

- Nun fragen Sie sich nach einem Gefühl, das Sie gerade beschäftigt, das Ihnen im Moment wichtig erscheint – und schreiben sie es an den Rand eines der Felder.
  Dann lassen Sie Farben sprechen: Füllen Sie dieses Feld mit der Farbe oder den Farben aus, die Ihnen jetzt dazu einfallen. Denken Sie nicht zu viel nach, greifen Sie einfach zu. Überlassen Sie Ihrer Hand die Regie. (Es geht auch umgekehrt, wenn Ihnen das lieber ist: erst die Farbe, dann das Wort.) Und dann halten Sie inne und sinnieren Sie ein wenig über das, was Sie sehen.
- Sie haben nun mehrere Möglichkeiten weiterzuarbeiten: Vielleicht ist es hilfreich, wenn Sie zunächst das für Sie persönlich gegenteilige Gefühl benennen und es in das gegenüberliegende Feld malen. Vielleicht fällt Ihnen aber auch eher ein ergänzendes Gefühl zu einem benachbarten Feld ein – gehen Sie Ihren Impulsen und Einfällen nach, überraschen Sie sich selbst.

- Füllen Sie auf die Art und Weise alle Felder mit Gefühlsfarben aus, begleitet von den jeweiligen dazu passenden Wörtern.

Vielleicht dachten Sie anfangs, dass Ihnen bestimmt nicht so viele Gefühle einfallen, um alle Felder Ihres Sterns zu füllen. Ich bin zuversichtlich, dass sich diese Einschätzung im Laufe Ihrer Beschäftigung mit Ihrem Gefühlsstern geändert hat und weiter verändern wird, umso mehr Sie sich mit Ihrer Gefühlswelt auseinandersetzen werden und lernen, sie wertzuschätzen.

Ich möchte Sie dazu anregen, in Ihrem Lebensalltag so oft wie möglich innezuhalten und sich zu fragen: »Was fühle ich gerade?« Dass Sie darauf eine Antwort suchen und finden, ist wichtig, denn Gefühle sind dafür da, Impulse für spontanes Verhalten zu setzen. Wenn Sie ängstlich sind, werden Sie sich vor dem, wovor Sie Angst haben, eher entfernen oder fernhalten. Wenn Sie sich vor etwas ekeln, speien Sie es aus oder machen einen widerwilligen Bogen darum. Wenn Sie sich nach etwas sehnen oder etwas lieben, nähern Sie sich dem an. Wenn Sie sich schämen, versuchen Sie, etwas zu verbergen oder zu schützen. Wenn Sie sich schuldig fühlen, werden Sie ein erneutes schuldhaftes Verhalten vermeiden wollen oder ziehen sich zurück mit Ihrer Sehnsucht nach innerem Frieden. Wenn Sie sich ärgern oder zornig sind, wollen Sie etwas verändern, bei sich oder bei anderen.

Ihren Gefühlen Bedeutung beizumessen, hilft, Ihre spontanen Impulse wahrzunehmen. Ob Sie den jeweiligen Impulsen folgen und entsprechend handeln oder sich äußern, ist dann immer noch Ihre Entscheidung. Doch wenn Sie sie nicht wahrnehmen, dann haben Sie gar nicht erst die Möglichkeit, Ihren Gefühlen entsprechend zu handeln. Selbst wenn Sie nur ein diffuses oder »komisches« Gefühl haben, ein Gefühl, das Ihnen wahrscheinlich aufgrund Ihrer Leere-Erfahrungen öfter begegnet, hilft es zu wissen, dass es ein Signal sein könnte (ich betone: könnte), dass wieder eine Leere-Erfahrung hinter Ihnen liegt oder droht. Welche Schlüsse Sie aus dieser Wahrnehmung ziehen, ob Sie Ihrem spontanen Impuls folgen oder nicht, das ist auch in diesem Fall ein davon unabhängiger, nur von Ihrer Entscheidung abhängiger nächster Schritt.

Dabei ist es mir wichtig, dass es nicht nur um die »großen« Gefühle geht, wenn ich Sie darum bitte, Ihre Gefühle wahrzunehmen und ernst zu nehmen. Wenn Politiker*innen oder Fußballer*innen laut werden oder ärgerlich oder ihre Tränen der Freude oder des Mitgefühls zeigen, dann heißt es in der Berichterstattung oft: »XY war sehr emotional.« Als »emotional« werden alle möglichen ausdrucksstarken Gefühle und Gefühlsäußerungen bezeichnet. Diese Undifferenziertheit ärgert mich immer wieder, wenn auch zugegebenermaßen nur noch ein bisschen, weil ich daran nichts ändern kann. Aber hier ist es mir ein Anliegen, Sie auf die breite Palette von Gefühlen hinzuweisen,[53] auf der auch die zarten, die »kleinen« Gefühle, die Gefühle, die am Rande daherkommen, ihre Bedeutung haben. Insbesondere diese Gefühle sind oft durch Leere-Erfahrungen verschüttet, aber gerade sie zeigen uns, in welche Richtung wir uns bewegen wollen. Sie verdienen es, dass Sie Ihnen Ihre Achtsamkeit und Achtung schenken.

53 Baer, Udo & Frick-Baer, Gabriele: *Das ABC der Gefühle.*

11 Neue Beziehungserfahrungen

Wenn Sie unter den Folgen von Leere-Erfahrungen leiden, brauchen Sie neue Erfahrungen mit anderen Menschen. Wie ich in Kapitel 5 im Teil D schon in Bezug auf Kinder formuliert habe, brauchen auch Erwachsene Erfahrungen mit Menschen, die Sie würdigen und die Sie ernst nehmen. So wie die Leere-Erfahrungen vom Kern her Beziehungserfahrungen waren und sind, so müssen auch die alternativen, die heilenden Erfahrungen Beziehungserfahrungen sein.

Doch das ist einfach gesagt, aber schwer getan. So viel Geröll, Enttäuschungen, Misstrauen liegen vielen Menschen auf dem Herzen, dass einige der Mut verlassen hat, neue Beziehungserfahrungen zu wagen. Manche trauen sich nicht, erste Schritte zu unternehmen, einige schrecken zurück, wenn sie von anderen angesprochen oder eingeladen werden. Meine Erfahrung und mein Rat an Sie lautet: Gehen Sie das Thema »neue Beziehungserfahrungen« nicht allein an, sondern suchen Sie sich Gesprächspartner*innen, professionelle oder private. Allein ist es sehr schwer, diesen Weg zu gehen, auch wenn Sie vielleicht dazu neigen, weil Sie gezwungenermaßen darauf angewiesen waren, vieles oder alles allein zu bewältigen.

Beginnen Sie mit einer Bestandsaufnahme. Schauen Sie sich dafür die Fragen auf der folgenden Seite an und notieren Sie Ihre Antworten und Einfälle:

- Wer hört mir zu?

___

___

- Wer hält meine Hand?

___

___

- Zu wem kann ich gehen, wenn ich nicht gut drauf bin?

___

___

- Wer hält mich suchend und unsortiert aus?

___

___

- Wer hat nicht sofort Erklärungen und Lösungen parat?

___

___

Und fragen Sie sich dann weiter, vor allem wenn Ihnen auf die erstgenannten Fragen nur wenige Menschen einfallen:

- Wer hat mich schon einmal interessiert?

____

____

- Wer interessiert mich heute?

____

____

- Wer hat sich schon einmal für mich interessiert?

____

____

- Wer war oder ist vermutlich neugierig auf mich?

____

____

- Wer hat mir ernsthaft die Frage gestellt, wie es mir geht?

____

____

- Welche Menschen habe ich bisher übersehen oder zu wenig beachtet?

____

____

Besprechen Sie, wenn möglich, alles, was Ihnen als Antwort auf diese Fragen einfällt, mit einer anderen Person.

Hilfreich ist auch die Frage nach Ihren eigenen Interessen, und zwar sowohl nach denen, die Sie vielleicht schon verfolgen, als auch jenen, die sie gerne entwickeln oder weiterentwickeln würden, egal ob Sie sich fürs Gärtnern, für Bildhauerei oder alten Blues oder was auch immer interessieren. Wenn andere Menschen gleiche oder ähnliche Interessensgebiete haben, ergeben sich daraus Begegnungsmöglichkeiten. Solche Interessen sind eine Brücke über den Abgrund der Leere hinweg. Und dann gilt es mutig zu sein, selbst etwas zu wagen und Impulse anderer zuzulassen.

Der Mut kann gerade dann, wenn er Sie zu verlassen droht, auch darin bestehen, sich für eine Therapie zu entscheiden. Eine therapeutische Begleitung mit allen Windungen und Wendungen, Höhen und Tiefen kann für Sie eine Beziehungsbrücke aus Ihrer Welt der Leere-Erfahrungen sein. Voraussetzung dafür ist, dass für den Therapeuten oder die Therapeutin diese Begleitung Beziehungsarbeit ist. Von Ihrer Seite aus braucht es die Bereitschaft, das Beziehungsangebot anzunehmen und sich mit Gefühlen, Impulsen und Veränderungen in Ihrem Beziehungserleben auseinanderzusetzen und diese zu würdigen. Therapie kann so zu einer (ersten) alternativen Beziehungserfahrung werden, zu Ihrem »Übungsfeld«, um neue Begegnungen zu erproben.[54]

Beziehungen zu anderen Menschen entstehen nicht einfach plötzlich, sondern sie entwickeln sich. Es beginnt mit Kontakten und Begegnungen, die sich wiederholen und in denen sich das gegenseitige Interesse und der Austausch festigen. Wer viele negative Erfahrungen in Bezie-

54 Anm. für Therapeut*innen: Wenn Sie sich für beziehungsstiftende therapeutische Begegnungen mit Menschen mit Leere-Erfahrungen entscheiden, bedenken Sie bitte, dass sich Leere nicht füllen lässt, auch wenn Sie sich noch so sehr anstrengen. Sie brauchen die Bereitschaft und Kompetenz, sich mit *Sharing* (etwas zu teilen; ein Gefühl, eine Meinung, ein Bild, eine Assoziation von sich selbst mitzuteilen, sodass die Klient*innen ihre eigenen Meinungen, Haltungen und Fantasien herausfinden können), *Feedback* (eine Rückmeldung auf der Grundlage Ihrer Beobachtungen und Wahrnehmungen zu geben; so konkret und wahrhaftig zu spiegeln wie möglich) und *Fragen* (die offen sind und zeigen, dass Sie Interesse an einer Antwort haben) in den Dienst der therapeutischen Beziehung zu stellen.

hungen machen musste, in denen er oder sie ins Leere gegangen ist, wird misstrauisch sein oder zumindest sehr ungeübt, was den Beginn und die Entwicklung von Beziehungsmöglichkeiten betrifft. Dazu zwei Hinweise, wie Sie trotz der leidvollen Erfahrungen, ins Leere gegangen zu sein, wieder lernen und üben können, neue Begegnungen zu suchen und die Möglichkeit wahrzunehmen, dass daraus Beziehungen entstehen können.

Der erste Hinweis besteht darin, dass die kleinen Anfänge wichtig sind. Die große Liebe beginnt, wie ich zu sagen pflege, mit der Einladung zu einer Tasse Espresso und nicht mit der Diskussion darüber, ob man in eine gemeinsame Wohnung zieht. Kleine Kontaktaufnahmen sind der Anfang. Nach einem Kinobesuch, einem gemeinsamen Essen, dem Austausch über einen Film oder ein Buch können Sie wie auch die andere beteiligte Person die Begegnung abbrechen und auf dem Niveau stehen lassen, auf dem sie sich gerade befindet. Oder Sie können sich auf Wiederholungen und eine Vertiefung einigen, sodass aus den ersten Begegnungen eine Beziehung entstehen kann. Scheuen Sie nicht diese ersten Kontakte und Begegnungsannäherungen. Nehmen Sie Ihren Mut zusammen, auch wenn Sie (wieder einmal) enttäuscht werden sollten, und gehen Sie das Risiko ein, wieder kleine Einladungen auszusprechen und Ihr Repertoire zu erweitern. Nehmen Sie Ihr Herz in die Hand und wagen Sie, auf kurze Augenkontakte zu reagieren, Ihr Interesse an einem anderen Menschen und sein Interesse an Ihnen wahrzunehmen, so gut es geht. Erweitern Sie Ihren Blick wenigstens aus dem Augenwinkel heraus auf Menschen, die Ihnen bisher nicht ins Blickfeld geraten sind. Ehren und wagen Sie die kleinen Anfänge.

Mein zweiter Hinweis lautet: Bleiben Sie dran. Und zwar gerade dann, wenn eine Begegnung gelingt und beiderseitiges Interesse sichtbar wird. Halten Sie diesen Hinweis nicht für unnötig, denn gerade dann, wenn Gelingen »droht«, wird es für manche Menschen mit mehr oder weniger massiven Leere-Erfahrungen »gefährlich«. Da taucht dann vielleicht die Vermutung auf, dass »das doch gar nicht sein kann, dass sich jemand anderes für mich wirklich interessiert«. Dieses Empfinden ist verständlich, traurig und erschütternd, denn es resultiert aus Ihrer Vergangenheit, soll aber nicht länger Ihre Zukunft und vor allem nicht Ihre Gegenwart bestimmen. Nehmen Sie in Kauf, dass Ihr Weltbild und vor allem Ihr Selbstbild erschüttert wird durch solche Erfahrungen, denn nur so können sich neue Beziehungserfahrungen in Ihnen einnisten.

Ob jemand sich wirklich für Sie interessiert, das können und müssen Sie in den weiteren Begegnungen mit dieser Person herausfinden. Ganz sicher berechtigt und ernst zu nehmen ist die Sorge, wieder ins Leere zu gehen und verletzt zu werden, gerade dann, wenn Sie es wagen oder gewagt haben, sich auf jemand anderes einzulassen. Und Sie werden sicher wieder Menschen brauchen, Freund*innen, Therapeut*innen und weitere vertraute Menschen, die Ihnen helfen, durch den Dschungel der Wahrnehmungen und Gefühle hindurchzufinden, Menschen, die Ihnen Halt geben und Sie wenn nötig bei Verletzung trösten, damit Sie dann irgendwann wieder bereit sein können, erneut Beziehungserfahrungen zu wagen.

12 Spürende Begegnungen

Das Gegenteil von Leere ist Begegnung. Aber nicht jede Begegnung, sondern Begegnungen einer bestimmten Qualität: Begegnungen, in denen Menschen hören und ge- und erhört werden, in denen sie andere sehen und erkennen dürfen und wertschätzend angeschaut werden. Begegnungen, in denen sie greifen und ergreifen dürfen und achtungsvoll ergriffen werden, in denen sie sich anlehnen können und in denen sie sich an anderen Menschen festhalten und sie drücken können, ohne erdrückt zu werden. Gemeint sind hier also Begegnungen der gegenseitigen Berührung, konkret und im Herzen. Wir nennen diese Art der Begegnungen mit anderen Menschen »Spürende Begegnungen«[55].

Um diese Qualitäten, die den Spürenden Begegnungen innewohnen, zu wissen, ist hilfreich, um einen Maßstab zur Bewertung für alle Beziehungserfahrungen zu haben, die prägend für Ihr Leben waren und sind. Sie sind auch hilfreich bei der Entscheidung, ob Ihnen die neuen Beziehungserfahrungen, deren Erprobung ich Ihnen im letzten Kapitel ans Herz gelegt habe, das Risiko wert und Ihrer würdig sind.

Der Anfang dazu, sich mit Spürenden Begegnungen zu beschäftigen, ist auch hier wieder eine Bestandsaufnahme. Dabei möchte ich Sie mit den folgenden Fragen unterstützen. Ich gehe nicht davon aus, dass Sie sie akribisch beantworten, sondern möchte Sie eher dazu anregen, Ihren Einfällen zu trauen, diese zu notieren und im Gespräch mit einer anderen Person darüber zu sinnieren.

---

55 Anm. für Therapeut*innen: Das Konzept der »Spürenden Begegnungen« ist aus unseren Untersuchungen in der Therapieauswertung und der Säuglingsforschung hervorgegangen und hat sich für viele Menschen als wertvoll und heilend erwiesen. Es bedeutet »spürbar« zu sein, sich in der therapeutischen Begegnung anzubieten als greifbares, sichtbares, hörbares Gegenüber, selbstverständlich mit Respekt vor den Grenzen der Klient*innen und Achtung und Beachtung der eigenen Grenzen und der therapeutischen Beziehung. Mehr dazu in: Baer, Udo: *Kreative Leibtherapie*.

- Wer hört mich?

- Wer hört mir zu?

- Wer erhört mich?

- Wer überhört oder übertönt mich?

- Von wem möchte ich gerne gehört werden?

- Wer sieht mich?

- Wer bemüht sich zu erkennen, wie es mir geht und was mich bewegt?

____

____

- Wen darf ich anschauen?

____

____

- Mit wem habe ich gerne Blickkontakt?

____

____

- Mit wem vermeide ich eher den Blickkontakt?

____

____

- Von wem werde ich übersehen?

____

____

- Von wem würde ich gerne mehr gesehen werden?

____

____

- Nach wem kann ich greifen?

____

____

- Von wem kann ich ergriffen und berührt werden, ohne dass es gewalttätig oder übergriffig wird?

____

____

- Bei wem kann ich zugreifen?

____

____

- Mit wem kann ich nach den Sternen greifen?

____

____

- Was und wie kann ich neugierig be-greifen?

____

____

- Mit wem habe ich schlechte Erfahrungen gemacht, ergriffen zu werden?

____

____

- Nach wem und mit wem würde ich gerne mehr greifen?

____

____

- Wen würde ich gerne drücken?

____

____

- Von wem wurde ich erdrückt?

____

____

- Bei wem ging ich, als ich drücken wollte, ins Leere?

____

____

- Wer hält meinen Druck aus und lässt mich nicht fallen?

____

____

- An wen kann ich mich anlehnen?

____

____

- Bei wem bin ich ins Leere gefallen, als ich mich angelehnt habe oder anzulehnen versuchte?

____

____

- Wer lehnt sich bei mir an?

____

____

- Wer gibt mir Halt?

____

____

- Von wem wünsche ich mir mehr Halt?

____

____

Die Absicht, sich mit diesen Fragen zu beschäftigen, und der Lohn Ihrer Bemühungen bestehen darin, im Alltag achtsam und wachsam zu sein und an Sicherheit zu gewinnen, mit wem Sie diese Spürenden Begegnungen leben können und sich gewürdigt fühlen als die Person, die Sie sind. Das ist Ihre Chance, einen Weg aus der Leere heraus in Richtung lebendige Beziehungen zu finden. Das bedarf der Mühe und Beharrlichkeit und schließt Risiken ein – aber ich wünsche Ihnen alles Glück der Welt, diese Chance zu nutzen und gute Beziehungen zu finden.

13 Durch das Misstrauen hindurch

Wenn Sie jemandem Ihr Herz ausgeschüttet haben und Sie erhalten keine Resonanz, dann werden Sie beim nächsten Versuch, Herzensangelegenheiten mit einem anderen Menschen zu teilen, vorsichtiger und skeptischer sein. Wenn Sie sich an jemanden anlehnen wollten und diese Person entzog sich, sodass Sie ins Leere fielen, werden Sie beim nächsten Impuls, sich anlehnen zu wollen, misstrauisch sein, ob sie von dem anderen Menschen gehalten werden. Leere-Erfahrungen produzieren Misstrauen. Das ist normal und gesund, denn es kann vor erneuten Verletzungen bewahren. Da Misstrauen aber auch zu dem schweren Geröll gehört, das vielen Menschen mit Leere-Erfahrungen auf dem Herzen liegt und sie den Mut verlassen lässt, neue Beziehungserfahrungen zu wagen, widme ich ihm hier noch ein eigenes Kapitel.

Vielleicht gehören Sie zu den Menschen, die aus ihrer Not heraus mit aller Macht versuchen, gegen ihr Misstrauen anzukämpfen, die mit sich hadern, weil sie immer so skeptisch und misstrauisch sind. Auch wenn ich mich wiederhole: Ihr Misstrauen ist zunächst einmal eine gesunde Reaktion auf eine ungesunde Situation und Erfahrung. Ihr Misstrauen ist nicht nur verständlich, sondern gemahnt auch zur Vorsicht vor neuen Verletzungen und dem Abgrund der Leere. Deswegen besteht der erste Schritt der Veränderung darin, dass Sie Ihr eigenes Misstrauen in diesem Sinne verstehen und akzeptieren.

Vielleicht hilft dieser erste Schritt Ihnen schon entscheidend weiter auf Ihrem Weg, gegen die alten Leere-Erfahrungen Vertrauen in neue Beziehungserfahrungen zu setzen oder zu entwickeln. Aber manchmal führt dies allein noch nicht aus Ihrem Leid, weil Ihr Misstrauen nicht nur das Vertrauen in andere Menschen, sondern auch Ihr Selbstvertrauen zu zerstören droht. Deshalb möchte ich Ihnen hier Hinweise geben, wie Sie erkennen können, ob sich das Misstrauen so generalisiert hat, sich so in Ihnen eingenistet hat, dass es einer therapeutischen Begleitung bedarf. Wenn Sie darunter leiden, dass Sie anderen prinzipiell nicht vertrauen können, wenn sie Ihnen zum Beispiel etwas erzählen oder Ihnen gar ein ernst gemeintes Kompliment machen. Wenn Sie gar nicht anders können, als zumindest im ersten Impuls dahinter eine bestimmte Absicht zu vermuten, dass sie dadurch etwas bezwecken und Sie manipulieren wollen, und wenn Sie Ihr Misstrauen selbst als so maßlos groß empfinden, dass Sie an allem zweifeln, was sich als Wunsch oder Entscheidung in Ihnen zu formen scheint. Wenn Sie sich also als zutiefst misstrauischer Mensch bezeichnen, der von Selbstzweifeln geplagt ist, dann werden Sie vertrauenswürdige Menschen brauchen, die Ihnen neue Erfahrungen ermöglichen. Zusammen mit ihnen können Sie Verbindungen herstellen zwischen Ihren Leere-Erfahrungen und dem Maß an Misstrauen in andere und sich selbst, das Ihnen eigen ist. Sie brauchen Menschen, die heilsam sind. Leicht ist dieser Weg für keine der beiden Seiten, das sollten Sie, so gut es geht, sich selbst und Ihrem Sie begleitenden Gegenüber zugestehen.[56]

Kein Mensch kann einfach beschließen, sein Misstrauen abzuschaffen, genauso wenig wie es erfolgreich (und wünschenswert) wäre zu sagen: »Ich will oder muss jetzt doch endlich allen Menschen vertrauen!« Nicht das Entweder-oder – Misstrauen oder Vertrauen – ist die Lösung, sondern das Finden des eigenen Maßes, das eine eigene Brücke zwischen Leere-Erfahrungen und bereichernden neuen Beziehungserfahrungen schlagen kann. Misstrauen ist wie ein Eisblock, der langsam schmilzt. Dieser Schmelzprozess braucht Wärme. Sie brauchen Wärme, die dadurch entsteht, dass Sie mit Menschen Nähe erleben, die Sie so schätzen, wie Sie sind und geworden sind.

Und ein weiterer Hinweis lautet, sich mit folgender Frage zu beschäftigen: Woran können Sie merken, dass Sie einer Person vertrauen können oder zumindest einen Vertrauensvorschuss wagen können?

---

56 Anm. für Therapeut*innen: Das Misstrauen als Teil und Folge der Leere-Erfahrungen wird und muss sich in der therapeutischen Beziehung zeigen. Nehmen Sie es wahr, sprechen Sie es an oder übergehen Sie es in manchen Situationen, in denen Ihnen anderes wichtiger erscheint, aber nehmen Sie es ernst und machen Sie es im Zuge des therapeutischen Prozesses zum Thema – das ist mein Rat.

Nehmen Sie sich Zeit, diese Frage zu beantworten, auch wenn Sie Ihnen fremd erscheint. Es ist wahrscheinlich und normal, dass Sie darüber noch nicht so genau nachgedacht haben. Vielleicht sehen Sie die Möglichkeit des Vertrauens in seinem oder ihrem Blick oder hören es an seiner oder ihrer Stimme? Was fällt Ihnen auf oder gefällt Ihnen an einer anderen Person? Vielleicht ist es ihre oder seine Art, die Hände zu bewegen, vielleicht sind es die Gesten oder Bewegungen oder ist es die Art, wie er oder sie sich anderen Menschen und Ihnen zuwendet, oder die Art des Lächelns ... Trauen Sie sich ruhig auch, sich zuzugestehen, dass sogenannte Äußerlichkeiten eine Rolle spielen (denn sie spielen eine Rolle, ob wir es wahrhaben wollen oder nicht). Diese Fragen können Mut machen, sich durch das Misstrauen hindurch an das Vertrauen zu wagen. Notieren Sie Ihre Einfälle:

14 Halt, Parteilichkeit und Rückendeckung

Menschen mit starken und anhaltenden Leere-Erfahrungen haben keine Gewissheit entwickeln können, von anderen wohlwollend, achtungs- und rücksichtsvoll gehalten zu werden, oder sie haben diese Gewissheit verloren. Bestenfalls stehen bei ihnen zumindest einige Erfahrungen, gut gehalten worden zu sein, neben denen, haltlos ins Leere gegriffen zu haben oder (hinterrücks) gefallen zu sein. Manchmal mussten sie neben der Haltlosigkeit, dem Fallen-gelassen-worden-Sein auf der einen Seite, auf der anderen Seite auch noch das Festgehaltenwerden gegen Ihren Willen erleiden. Für die Betroffenen ist es von entscheidender Bedeutung, Menschen zu finden, die ihnen Halt geben, an denen sie sich festhalten und auch orientieren können.[57] Und es ist für sie wichtig, Menschen zu finden, denen sie sich mit ihrem Rücken anvertrauen können, die sie nicht ins Leere fallen lassen, sondern ihnen Rückendeckung geben.

Das fällt nicht immer leicht, auch unabhängig von der Tragweite und Schwere der Leere-Erfahrungen. Aber es ist eine menschliche Notwendigkeit und ein grundlegendes Bedürfnis, dass uns andere Menschen stützen und unterstützen, dass wir uns auch im übertragenen Sinne an ihnen festhalten, uns an sie anlehnen können und wir Halt verspüren.

57 Anm. für Therapeut*innen: Sie werden sich manchmal in der Situation und Rolle wiederfinden, für eine gewisse Zeit der bedeutsamste Halt im Leben und Erleben eines Menschen mit massiven Leere-Erfahrungen zu sein. Die Schwierigkeit besteht darin, um diese Bedeutung zu wissen und die Rolle in der therapeutischen Begegnung anzunehmen, ohne selbst Halt und Orientierung zu verlieren. Hier gilt das ganz besonders, was immer gilt: Ohne – in diesem Sinne therapeutische – Supervision geht das nicht.

In der Doppelbedeutung des Wortes »Halt« liegt die Möglichkeit, buchstäblich etwas selbst in den Händen zu halten, einen Gegenstand zu ergreifen, den Sie selbst ausgesucht haben. Das kann zwar keine Menschen, die Sie halten, ersetzen, aber es kann erste Erfahrungen bieten, Halt zu finden. Deshalb meine Empfehlung:

- Gehen Sie auf die Suche nach einem Stein oder einem Stück Holz, einer Muschel, einer Perle, einer Murmel – irgendetwas aus der Natur oder aus Ihrem Bestand in irgendeinem Kästchen oder Regal, das gut in der Hand liegt. Seien Sie sorgfältig bei der Suche und Auswahl.
- Vielleicht entscheiden Sie sich dazu, diesen Gegenstand so zu belassen, wie er ist, vielleicht mögen Sie ihn bemalen oder bekleben oder in Stoff einwickeln ... Es ist Ihr Gegenstand des Gehaltenwerdens, der Kraft und der Sicherheit.
- Geben Sie diesem Gegenstand einen guten Platz, an dem er Ihnen Halt gibt und Ihnen Standfestigkeit verleiht in Situationen, in denen Sie dessen bedürfen. Das mag der Platz auf dem Schreibtisch sein, im Bücherregal oder auf dem Küchenbord, vielleicht aber auch in der Hosen- oder Rocktasche. Dazu eignet sich wahrscheinlich am besten ein kleiner Stein oder Ähnliches, den Sie immer bei sich tragen, um ihn in Momenten der Unsicherheit und Angst vor Haltlosigkeit in die Hand nehmen und ganz fest drücken zu können. Das ist und kann ganz unscheinbar sein, und es muss und wird niemand mitbekommen, aber glauben Sie mir: Es hilft. Zumindest lohnt es sich, es ernsthaft auszuprobieren.

Eng verbunden mit dem Bedürfnis nach Halt ist unser menschliches Bedürfnis nach Parteilichkeit. Gerade dann (aber nicht nur dann), wenn Sie nie oder zu wenig Parteilichkeit erfahren haben, ist es wichtig, auf die Suche zu gehen nach Menschen, die für Sie Partei ergreifen. Parteilich zu sein für Sie heißt nicht, dass diese Menschen alles befürworten und akzeptieren, was Sie tun, denken und fühlen, sondern dass sie grundlegend an Ihrer Seite stehen gegen Entwürdigungen und Leere-Erfahrungen, die Sie erlitten haben oder erleiden. Die verstehen, dass diese Erfahrungen auch in der Gegenwart immer noch Schmerzen in

Ihnen hervorrufen, und die sich Ihnen als Halt und wahrhaftige Orientierung anbieten.

Vielleicht ist die Vorstellung, dass jemand für Sie Partei ergreifen könnte, Ihnen fremd, erschrickt Sie sogar ein wenig. Oft ist diese Vorstellung von guter Parteilichkeit in der Leere, in dem Verlassenwerden, in dem Übersehenwerden verblasst oder ganz verschwunden. Vielleicht setzen Sie auch zum Beispiel die leeren Phrasen und sozialistischen Parolen der ehemaligen DDR (»Parteilich für die Arbeiterklasse/die Weltrevolution/die SED ...«) mit Parteilichkeit gleich.

Die Parteilichkeit, die ich meine, ist diejenige, die wir Menschen brauchen. Vor allem Kinder brauchen Parteilichkeit, brauchen Menschen, die an ihrer Seite stehen und für sie Partei ergreifen. Das ist für sie, wenn es ihnen noch nicht ausgetrieben wurde, neben der Gerechtigkeit einer der höchsten Werte. Parteilichkeit stärkt ihr Selbstwertgefühl und ihre Identität – und auch die von uns Erwachsenen. Wenn wir das nicht erfahren durften und Parteilichkeit durch Leere ersetzt wurde, müssen wir neue Erfahrungen der Parteilichkeit machen dürfen.

Ich möchte Sie dabei unterstützen, Parteilichkeit als Geschwisterkind des Halts (wieder) ins Leben zu rufen und sie – und damit Sie – zu stärken. Deshalb möchte ich Sie dazu anregen, meine Unterstützung anzunehmen durch die Beschäftigung mit dem »Triptychon der Parteilichkeit«[58].

- Bitte nehmen Sie in großes Blatt Papier (oder kleben Sie zwei oder drei Blätter im normalen DIN-A4-Format zusammen) und teilen Sie dies mit zwei langen Strichen von oben nach unten in drei Teile. Der Teil in der Mitte sollte etwas breiter Teil entstehen, rechts und links je ein Flügel.
- Dann bitte ich Sie als Erstes in die Mitte zu malen, was Ihnen zu den Fragen einfällt: »Wofür ergreife ich Partei? Welche Werte vertrete ich? Welche Werte sind mir wichtig für unser menschliches Zusammenleben?«

58 Anm. für Therapeut*innen: Ein Triptychon ist eine therapeutische und eine Kunstform, in der verschiedene Aspekte eines Themas beleuchtet werden. Siehe dazu: Baer, Udo: *Kunsttherapie – Gefühlssterne, Angstfresser, Verwandlungsbilder*.

- In den linken Flügel bitte ich Sie zu malen, was Ihnen zu den Fragen einfällt: »Wobei hätte ich Parteilichkeit gebraucht? Welche Erfahrungen fallen mir dazu ein?«
- In das dritte Feld bitte ich Sie zu gestalten, was Ihnen zu den Fragen einfällt: »Welche Parteilichkeit wünsche ich mir von wem? Von wem erwarte ich Parteilichkeit?«

Sprechen Sie, wenn es irgend geht, mit einer oder mehreren anderen Personen darüber. Tauschen Sie sich aus über Ihre Erfahrungen und diskutieren Sie Ihre Werte, Wünsche und Erwartungen. Ziehen Sie Verbindungen zwischen den drei Bestandteilen des Triptychons. Betrachten und beleuchten Sie die Fragen und Ihre Antworten darauf von verschiedenen Seiten und Ansatzpunkten. Sie werden merken, dass Sie, selbst wenn Sie gar keine oder zu wenig Parteilichkeit erfahren haben, doch selber für andere parteilich waren und sind. Und vielleicht ergibt sich daraus auch die Gelegenheit, sich seltene, aber dennoch erlebte Situationen und Erfahrungen ins Gedächtnis zu rufen, in denen andere für Sie Partei ergriffen haben, durch ihr Verhalten und ihre Worte oder zumindest unausgesprochen, aber spürbar durch Blicke, Gesten, Freundlichkeit oder Fürsorglichkeit. Es können Situationen sein in der Familie, in der Schule, unter Freund*innen und Verwandten, von der Nachbarin oder der Frau an der Kasse ...

Und nun, das ist mein Rat, wagen Sie sich auch noch an die Erfahrung, Halt und Rückendeckung miteinander in Verbindung zu bringen. Bitten Sie einen vertrauenswürdigen Menschen, sich Ihrem Rücken achtsam zu nähern. Machen Sie keine Vertrauensübung daraus mit dem Anspruch zu beweisen, dass Sie sich fallen lassen können. »Blind vertrauen« kann nicht gehen und halte ich auch nicht für erstrebenswert, schon gar nicht, wenn Sie ein Mensch mit Leere-Erfahrungen sind.

Mit Achtsamkeit, Behutsamkeit und der Bereitschaft, jedes Gefühl und jedes Körpererleben der Ängstlichkeit, des Misstrauens und der Sehnsucht nach Vertrauen und Halt ernst zu nehmen, bitten Sie die andere Person, sich mit deren Hand ihrem Rücken anzunähern. Finden Sie miteinander heraus, was geht und was Ihnen eine neue Erfahrung vermitteln kann: Vielleicht möchten Sie, dass sich die Hand nicht direkt auf ihren Rücken legt, sondern einige Zentimeter oder Millimeter entfernt bleibt. Vielleicht wünschen Sie sich die Hand auf der Rückseite Ihres Herzens oder beide Hände auf den »Flügelchen«, also den Schulterblättern, oder auf einer anderen Stelle des Rückgrats, des Nackens oder des Hinterkopfs. Oder Sie überlassen, wenn Sie wissen, dass Ihr Stopp gehört wird, der anderen Person die Regie und lassen sie ausprobieren, was ihren Händen einfällt. Erspüren Sie den ganzen Körperraum zwischen vorne und hinten und füllen sie ihn mit Ihrem Atem ... Und dann, wenn Sie ein wenig Sicherheit gewonnen haben, lehnen Sie sich ein klein wenig an die Hand an ... Irgendwann drücken Sie sich von der Hand oder den Händen der anderen Person dann wieder ab und lauschen dem Nachklang Ihrer Erfahrung. (Sie können auch zuerst »die andere Person« sein und sie mit Ihrer Rückendeckung beschenken, um zunächst in dem aktiveren Part zu sein und darüber Vertrauen zu gewinnen.)

Ich denke, etwas wird Ihnen durch die Beschäftigung mit dem Triptychon und der Erfahrung mit Rückendeckung deutlich geworden sein: Parteilich zu sein, Partei zu ergreifen für andere, anderen Halt und Rückendeckung zu geben oder ein Halt zu sein, hilft aktiv gegen Leere, alte Leere-Erfahrungen und Beziehungsleere. Werden Sie kompetent darin, das Recht auf Parteilichkeit und Halt in diesem Sinne zu leben.

15 Leere und Würde-Achtsamkeit

Achtsamkeit und Leere stehen in einem komplexen und manchmal komplizierten Wechselverhältnis. Es lohnt sich zu versuchen, es aufzudröseln. Wenn Sie oft in Ihrem Leben der Leere begegnet sind und unter den Folgen leiden, dann werden Sie Sehnsucht nach der »süßen Leere«, nach innerer Ruhe und Frieden haben. Mein Anliegen, das sich wie ein roter Faden durch dieses Buch zieht und besonders in diesem letzten Teil mit der Überschrift »Was hilft dem Herzen zu heilen?« seinen Ausdruck findet, ist, Ihnen Mut zu machen, Wege zu finden aus der Einsamkeit der Leere-Erfahrungen. Ein Meilenstein auf diesem Weg, sich neuen Beziehungserfahrungen öffnen zu können, ist die Achtsamkeit sich selbst gegenüber und die Achtung vor den Einflüssen, denen Sie durch Ihre Lebensumwelt früher begegnet sind und im Hier und Jetzt begegnen.

Deshalb möchte ich Sie mit meinem Konzept der Würde-Achtsamkeit und vor allem mit zwei Kernelementen davon – »der Atempause« und »dem inneren Ort des Lächelns« – bekannt machen.[59]

»Würde-Achtsamkeit« bedeutet, innezuhalten und mit dem Atem offen zu sein für all das, was Sie wahrnehmen und spüren im Hier und Jetzt. Wenn Sie sich auf die Spuren der Würde-Achtsamkeit begeben, dann werden Sie wie schon in all meinen vorherigen Anregungen darin Grundsätzliches wiederfinden: Wenn Sie sich mit Achtsamkeit Ihrem Erleben widmen, dann wissen weder Sie noch ich, was Sie dabei erleben werden. »Zu würdigen, was ist« heißt, dass sowohl Angenehmes wie

---

59 Anm. für Therapeut*innen: Was dieses leibphänomenologische Konzept der Würde-Achtsamkeit beinhaltet, was es mit anderen Methoden zur Förderung der Achtsamkeit gemeinsam hat und es aber auch davon unterscheidet und weitere Anregungen finden Sie in: Baer, Udo & Frick-Baer, Gabriele: *Therapie und Würde – Sprachleib, Würde-Achtsamkeit, Bedeutungsüberhang …*, S. 34–46

Unangenehmes, Schmerzliches wie Erlösendes, Vordergründiges wie Hintergründiges aus Ihrem Inneren ins Bewusstsein aufsteigen kann.

Mein Vorschlag ist, wie Sie es auch schon in meinen anderen Anregungen zum Herzkreis, zum Würde-Ich, zum inneren Kern, zur Meinhaftigkeit oder zum Gerichtetsein gefunden haben, auch diese im besten Sinne einfache, aber grundlegende Einheit der »Würde-Achtsamkeit« im Stehen zu probieren. Das hat den Grund, dass diese Haltung meiner Erfahrung nach hilfreich ist, um sich jederzeit selbst die Gewissheit geben zu können, »auf eigenen Beinen« zu stehen, das Maß dosieren und sich auch herausbewegen zu können, falls etwas im Erleben zu viel wird. Im Stehen können Sie sich auch an eine Wand – oder noch besser, an eine andere Person – anlehnen. (Auch Rücken an Rücken mit einem vertrauten Menschen sich der Würde-Achtsamkeit hinzugeben, kann eine wunderbare Erfahrung sein.)

Für diese Übung, die ich »Hinein, hinaus, hinein ... und die Atempause« nenne, bitte ich Sie:

- Stellen Sie sich bequem hin und schenken Sie Ihrem Atem Aufmerksamkeit, so wie er jetzt gerade ist, in diesem Moment, an diesem Ort, in dieser Atmosphäre ...
- Legen Sie Ihre Hand oder beide Hände auf die Stelle, an der Sie Ihren Atem gerade am deutlichsten spüren ... Schenken Sie dem Pulsieren Ihres Atems Achtsamkeit, wie Sie ihn in ihrer Hand oder Ihren Händen spüren ... Begleiten Sie ihn von dieser Stelle aus beim Ein- und Ausatmen mit einer kleinen Geste des Hinein und Hinaus und Hinein und Hinaus ...
- Lassen Sie irgendwann all das, was Ihnen gerade in den Sinn kommt, mit dem Atem und der kleinen Geste hinausfließen, und das, was wieder hinein möchte, hinein: Ihre Gedanken, Einfälle und Bilder, Ihre Vorstellungen von sich und anderen, Ihre Gefühle, Empfindungen, die Wahrnehmungen Ihres Körpers und Ihre Impulse oder was immer es sein mag ... Wenn sich die Stelle, an der Sie Ihren Atem jetzt spüren, verändert, dann lassen Sie auch die Hand oder die Hände dem folgen und sie zu dieser Stelle wandern. Wenn nicht, dann nicht.

- Und ich bitte Sie, dabei dann irgendwann auf den Rhythmus Ihres Atems zu achten, so wie er jetzt ist, und der kleinen Pause Aufmerksamkeit zu schenken: der kleinen Pause, die zwischen Ihrem Ausatmen und Ihrem Wieder-Einatmen liegt. Widmen Sie sich dieser kleinen Atempause. Sie freut sich über Ihre Achtsamkeit und verlängert sich vielleicht ein bisschen oder bleibt gleich lang ... Sie wird ein kleines, unerwartetes und überraschendes Geschenk für Sie bereithalten. Buddha soll gesagt haben, dass sich in dieser Atempause das Glück dieser Welt befindet. Das mag sein oder auch nicht. In jedem Fall, meine ich, ist sie ein Geschenk für uns Menschen, für unsere Achtsamkeit, für unsere Würde, für die Erfahrung der »süßen Leere«.

Als Person, die schmerzhaften Leere-Erfahrungen begegnet ist, haben Sie mit hoher Wahrscheinlichkeit viel Anstrengungen und Kraft aufgewendet, trotz dieser Erfahrungen aufrecht und freundlich durchs Leben zu gehen. In dem Wort »Anstrengung« ist Strenge enthalten – und die werden Sie vermutlich oft gegen sich selbst gerichtet haben in Ihrem Kampf darum, Selbstzweifel und Selbsthader loszulassen. Ich möchte Sie gerne dabei unterstützen, diese Strenge und Anstrengung ein wenig aufzuweichen, und Ihr Herz möchte ich dabei unterstützen, in diesem Sinne für Sie da zu sein, für Sie zu schlagen. Dafür schlage ich die folgende Einheit »Der innere Ort des Lächelns« vor:

- Bitte überprüfen Sie, ob der Platz, an dem Sie stehen, der richtige für heute ist, für diesen Moment ... Wenn nicht, verändern Sie ihn. Wenn Sie mögen, schließen Sie dabei die Augen.
- Legen Sie Ihre Hand oder Ihre Hände auf Ihr Herz und schenken Sie Ihrem Atem Achtsamkeit ... Nehmen Sie sich wahr.
- Spüren Sie, wie Sie ein- und ausatmen, und begleiten Sie sich beim Einatmen innerlich mit dem Wort »ein« und beim Ausatmen mit dem Wort »aus« ... Atmen Sie in Ihrem Tempo, in Ihrem Rhythmus. Ein- und ausatmen ...
- Wenn Sie einatmen, begleiten Sie sich nun mit dem Wort »ein«, und wenn Sie ausatmen, begrüßen Sie sich und Ihr Herz mit Ihrem Vornamen, Kosenamen oder Spitznamen, wie immer Sie es wollen ...

- Und schenken Sie nun Ihrem Herz ein Lächeln beim Ein- und beim Ausatmen und beim Ein- und beim Ausatmen ...
- Beim Einatmen begleiten Sie sich mit dem Wort »ein« und bei einem der nächsten Atemzüge öffnen Sie mit dem Ausatmen die Augen, falls Sie sie geschlossen hatten, und schauen in die Welt ... vielleicht mit einem Lächeln?

Lassen Sie sich treiben – mit den Augen, mit dem Atmen ... Entdecken Sie die Welt neu oder wenigstens ein bisschen was davon. Lassen Sie sich überraschen und bereichern.

Nachwort: Leere hat keine Parteizugehörigkeit, ist aber politisch

Zu guter Letzt möchte ich noch einigen gesellschaftlichen Zusammenhängen Raum geben, die mir als politischer Mensch am Herzen liegen. Ich bin mir bewusst, dass das, was ich äußere, thesenartig ist, denke aber, dass alles, was Sie im Buch lesen können, Zeuge dessen ist, was ich meine.

Menschen gehen ins Leere und leiden darunter. Das passiert unabhängig davon, ob sie freiheitlich oder konservativ, ökologisch oder sozial wählen, sich politisch der Rechten oder Linken zugehörig fühlen. Sie leiden unter Leere-Erfahrungen, ganz gleich, ob sie sich politisch engagieren, gesellschaftlich tätig sind oder sich »aus allem heraushalten«.

Doch Leere-Erfahrungen haben genauso intensive Auswirkungen auf die Gesellschaft wie Gewalttätigkeiten und andere Monster der Entwürdigung. Leere selbst kann in Aggressivität und wilde Gewalt umschlagen. Für viele Kinder und Jugendliche ist Aggressivität ein Ergebnis von Leere-Erfahrungen und ein verstörender und letztendlich zerstörerischer Versuch, der eigenen Person und Persönlichkeit Wert zuzumessen. Auch wenn ihre Wirksamkeitsbemühungen destruktiv und nicht konstruktiv sind, so sind es doch Bemühungen, wirksam zu sein, gesehen, gehört und geachtet zu werden und der Leere der Interessen- und Lieblosigkeit zu entgehen. Das halte ich für verstehens-würdig, aber weder akzeptabel noch hinnehmbar.

Sowohl auf der gesellschaftlichen, institutionellen als auch der familiären, persönlichen Ebene müssen wir Erwachsenen Verantwortung dafür übernehmen, wenn wir Kinder und Jugendliche ins Leere laufen lassen und ihnen die Leere-Erfahrungen mit all der damit verbundenen Orientierungslosigkeit aufbürden. Wenn wir ihnen Nährendes im geistigen, intellektuellen, emotionalen und sozialen Sinn vorenthalten. Wenn wir ihnen keine wohlwollenden Spiegel sind, in denen sie sich erkennen können und sich als von uns verschieden erleben dürfen. Wenn wir uns ihnen als achtungsvolle und wahrhaftige Gegenüber verweigern, an denen sie sich orientieren und reiben können.

Wie sehr mir am Herzen liegt, dass Leere-Erfahrungen, die Erwachsene machen mussten (und unter denen sie leiden), nicht an die nächsten Generationen, an unsere Kinder weitergegeben werden, können Sie daran ersehen, dass das Kapitel, das sich ihnen gewidmet habe, schon in der Überschrift aus dem Rahmen fällt und ein Appell ist: Lasst unsere Kinder nicht ins Leere laufen!

Leere-Erfahrungen stören und vermindern das Selbstwertgefühl vieler Menschen und verwirren dadurch den inneren Kompass der sozialen Orientierung. Wenn diese Orientierung in der Leere verloren geht, dann bietet sich ein Einfallstor für die Besetzung durch Schaumschläger, die vieles versprechen, aber wenig halten. Das gilt für die Politik genauso wie für Partnerschaften.

Leere stört Beziehungsfähigkeiten und Beziehungsmöglichkeiten. Das betrifft die Beziehungen zwischen zwei Menschen, aber auch die gesamte Gesellschaft. Leere stört die Fähigkeit zum Mitgefühl, zu Freundlichkeit, Höflichkeit, Zärtlichkeit und wehrhafter Würde. Wenn der Kitt, der eine Gesellschaft zusammenhält, also das Verständnis füreinander, das Mitgefühl, die Fähigkeit und die Bereitschaft, sich mit anderen Menschen zu verbinden, geringer wird oder sogar ganz verloren geht, zerfallen Gesellschaften. Dagegen braucht es eine Kultur der Beziehungen. Es braucht Menschen, die sich für die Menschlichkeit und die Würdigung von Menschen in ihrer Lebensumwelt positionieren, die parteilich für sich und andere einstehen, wenn sie dessen bedürfen. Es braucht Menschen, die Vorbilder darin sind, Begegnungen zu fördern, sodass daraus Beziehungen entstehen können. Es braucht Fachleute und Freund*innen, die Menschen mit Leere-Erfahrungen darin unterstützen, Wege aus der Leere zu finden. Es braucht eine Beziehungspädagogik, eine Beziehungserziehung, eine Beziehungssozialarbeit, ein berufliches Miteinander, das Begegnungen und Beziehungen ermöglicht im Kleinen wie im Großen. Und es braucht viele Menschen, die sich über ihre Leere-Erfahrungen bewusst werden und – gemeinsam mit anderen – den Weg beschreiten, Alternativen dafür zu suchen.

Wenn dieses Buch dazu beiträgt und einige Menschen erreicht, die dieses Anliegen mit mir und anderen in unserer jeweiligen Lebensumwelt teilen, bin ich froh und dankbar.

Literatur

Aydemir, Fatma (2022). *Dschinns.* München: Hanser.

Baer, Udo (1999/2024): *Kunsttherapie – Gefühlssterne, Angstfresser, Verwandlungsbilder. Kreative Leibtherapie, Band 5.* Überarbeitete und erweiterte Ausgabe. Berlin: Semnos.

Baer, Udo (2012/2017). *Kreative Leibtherapie – Das Lehrbuch.* Berlin: Semnos.

Baer, Udo (2013). *Familientherapie. humanistisch – leiborientiert – kreativ.* Berlin: Semnos.

Baer, Udo & Frick-Baer, Gabriele (2001/2015). *Leibbewegungen, Herzkreise und der Tanz der Würde – Methoden und Modelle der Tanz- und Bewegungstherapie.* Berlin: Semnos.

Baer, Udo & Frick-Baer, Gabriele (2008/2021). *Das ABC der Gefühle.* Weinheim: Beltz.

Baer, Udo & Frick-Baer, Gabriele (2010/2014). *Wie Traumata in die nächste Generation wirken – Untersuchungen, Erfahrungen, therapeutische Hilfen.* Berlin: Semnos.

Baer, Udo & Frick-Baer, Gabriele (2014/2022). *Das große Buch der Gefühle.* Weinheim: Beltz.

Baer, Udo & Frick-Baer, Gabriele (2015/2018). *Kriegserbe in der Seele – Was Kindern und Enkeln der Kriegsgeneration wirklich hilft.* Weinheim: Beltz.

Baer, Udo & Frick-Baer, Gabriele (2018): *Deine Würde entscheidet – Finde den inneren Kompass für ein gutes Leben.* Weinheim: Beltz

Baer, Udo & Frick-Baer, Gabriele (2021). *Therapie und Würde – Sprachleib, Würde-Achtsamkeit, Bedeutungsüberhang … Kreative Leibtherapie, Band 3.* Berlin: Semnos.

Baer, Udo & Frick-Baer Gabriele (2021). *Wie Kinder fühlen.* Weinheim: Beltz.

De Waal, Edmund (2018). *Die weiße Straße – Auf den Spuren meiner Leidenschaft.* München: dtv.

Frick-Baer, Gabriele (2023). *Kreative Traumatherapie – Trauma, die »Zeit danach« und das Aufrichten in Würde. Kreative Leibtherapie, Band 10.* Berlin: Semnos.

Fuchs, Thomas (2018). *Leib, Raum, Person – Entwurf einer phänomenologischen Anthropologie.* Stuttgart: Klett-Cotta.

Fuchs, Thomas (2021): *Das Gehirn – ein Beziehungsorgan.* Stuttgart: Kohlhammer.

Fuchs, Thomas (2023): *Psychiatrie als Beziehungsmedizin – Ein ökologisches Paradigma.* Stuttgart: Kohlhammer.

Kräftner, Hertha (1997). *Kühle Sterne – Gedichte, Prosa, Briefe aus dem Nachlass*. Klagenfurt: Wieser.
Kunze, Rainer (1996). *Sensible Wege und frühe Gedichte*. Frankfurt a. M.: S. Fischer.
Marquard, Odo (2003). *Zukunft braucht Herkunft – Philosophische Essays*. Leipzig: Reclam.
Opher-Cohn, Liliane et al. (Hrsg.) (2000). *Das Ende der Sprachlosigkeit? Auswirkungen traumatischer Holocaust-Erfahrungen über mehrere Generationen*. Gießen: Psychosozial-Verlag.
Plath, Sylvia (1963/2013). *Die Glasglocke (in der Übersetzung von Reinhard Kaiser)*. Berlin: Suhrkamp.
Selge, Edgar (2021). *Hast du uns endlich gefunden*. Hamburg: Rowohlt.
Stern, Daniel (1992/2020). *Die Lebenserfahrung des Säuglings*. Stuttgart: Klett-Cotta.
Wardi, Dina (1997). *Siegel der Erinnerung: Das Trauma des Holocaust – Psychotherapie mit den Kindern der Überlebenden*. Stuttgart: Klett-Cotta.
Woolf, Virgina (1964): *Mrs. Dalloway* (in der Übersetzung von Herberth E. Herlitschka und Marlys Herlitschka). Frankfurt a. M.: S. Fischer.

Weitere Literatur zu einzelnen Aspekten dieses Buches finden Sie unter www.baer-frick-baer.de oder können Sie beim Autor erfragen: u.baer@baer-frick-baer.de.